社交口才与实用技巧

霍翔◎编著

中国纺织出版社

内 容 提 要

拥有良好口才的人总是能赢得好人缘、好机会，不会成为受人冷落的边缘人士。在现代交际中，是否能说，是否会说，直接影响着一个人的成败得失。在人际交往中，会说话能赢得好印象，建立广泛的人脉；在商业中，会说话能赢得商机，收获真诚的合作伙伴；在现代职场中，想要成功，也离不开良好的口才。

社交口才是一种技能、一种艺术，是一个人在社会交往活动中语言表达能力的体现。一流的社交口才，会让你平步青云，走向成功。

图书在版编目（CIP）数据

社交口才与实用技巧 / 霍翔编著. —北京：中国纺织出版社，2018.9（2019.1重印）
ISBN 978-7-5180-5110-6

Ⅰ.①社… Ⅱ.①霍… Ⅲ.①心理交往—口才学—通俗读物 Ⅳ.①C912.13-49

中国版本图书馆CIP数据核字（2018）第119963号

责任编辑：闫　星　　特约编辑：王佳新　　责任印制：储志伟

中国纺织出版社出版发行
地址：北京市朝阳区百子湾东里A407号楼　邮政编码：100124
销售电话：010—67004422　传真：010—87155801
http：//www.c-textilep.com
E-mail：faxing@c-textilep.com
中国纺织出版社天猫旗舰店
官方微博http：//weibo.com/2119887771
三河市宏盛印务有限公司印刷　各地新华书店经销
2018年9月第1版　2019年1月第2次印刷
开本：710×1000　1/16　印张：13
字数：117千字　定价：36.80元

前言

我们都知道，说话是人类最有效的沟通方式，“一言可以兴邦，一言可以废邦”，会不会说话真的太重要了。到了现代社会，说话的能力被我们称为“口才”，口才的重要性已经毋庸置疑，一个人如果善于言辞，就能把自己的工作生活安排得有趣而且非常愉快，不仅使自己快乐，也使他人快乐。口才训练大师戴尔·卡耐基说过：“一个人成功，约有15%取决于专业知识，85%取决于沟通能力——发表自己意见的能力和激发他人热忱的能力。”的确，口才可以说是一个人睿智、成功能力和良好生活态度的展示。当今世界竞争日益激烈,我们要想在社会上立足，除了要拥有参与竞争、迎接挑战所必备的知识和技能之外，得体的说话技巧、优秀的口才无疑会助你占据一个有利于发展的制高点，成为你迈向成功和幸福的砝码。

善于说话的人在这个世界上能够御风而行、万事顺意，不会说话的则如船搁浅滩、步步难行。因此，我们，可以长得不漂亮、不帅气，但你一定要说得漂亮，恰当的表达、巧妙的沟通，能让你在生活和工作中顺心顺意。为什么有的人身负旷世才学却步履维艰，有的人资质平平却能干出一番惊天动地的事业？这在很大程度上取决于他们说话的水平。成功的人之所以成功，秘诀之一便是能说会道。

在人际交往中，会说话能赢得好印象，建立起宽广的人脉；在商业活动中，会说话能赢得商机，得到真诚的合作伙伴；在职场工作中，会说话能赢得领导与同事的支持与帮助。

社交口才已成为现代人必备的能力，是生活与事业成功的重要因素。是否能言会说，影响着一个人的成败得失。有良好社交口才的人总是能赢得好人缘、好机会。如果你想在人际交往中无往而不利，在人生道路走得顺畅无比，那就必须重视社交口才。事实上，可能我们每个人都希望找到一个语言导师来帮助自己提高说话水平，但寻找的过程是艰难的，这里，我们推荐一本枕边书——《社交口才与实用技巧》。

本书全面分析了社交口才的理论和方法，深入介绍社交口才制胜的方法和策略，融理论指导性与实际可操作性于一炉，语言精妙，文字简洁，告诉我们怎样炼就好口才，成为受欢迎的人。同时，本书还引用了众多的讲话实例，具有很强的实用性和指导性。如果你能掌握本书中的精髓，相信你的说话水平肯定能获得一个质的提高。

编著者

2018年4月

目录

第01章 言由心生，让人际交往顺风顺水

优雅谈吐——你的第二张“脸”

很多伟大人物都是因为口才而名垂青史、万古流芳的，一个个的成语故事记载了他们的妙语连珠和谈吐不凡，并成为了中华民族文化的基因。比如自荐的毛遂，出使楚国不辱使命的晏婴，舌战群儒的诸葛亮等。一个个的人物形象和他们的口才连接在一起，成为了我们的历史图腾，千百年来，被一代代的人们传诵和学习。

语言是一门高深的艺术，是表达思想感情的有效形式。深得这种艺术精髓的人，绝不会勉强别人、压制别人，更不会绑架别人的思维，而是巧妙地将别人的思想与自己的言论相接轨，准确、贴切、生动地表达和沟通，让别人对他充满欣赏和崇拜之情。

语言是人的第二张脸，深邃的思想、精辟的见解、睿智的话语会给人留下风流倜傥的印象，而肤浅的思维、庸俗的观念、轻佻的言谈则会留下粗俗不堪的印象。我们在生活之中经常强调要注意自己的形象，而形象之中最大的组成部分则是我们的语言讲话方式。因此，我们要用广博的知识，优雅的谈吐来作为自己的第二张脸，来提升个人的魅力。

那么，该怎么样让口才成为自己的第二张脸呢？我们可以从以下几个方面入手：

1.谈吐文明

文质彬彬是我们这个民族对一个人提出的基本要求。因此，在说话的时候，我们要避免讲粗话脏话。现在，有很多的人把粗鲁的语言当成豪爽，在交际场合中谈论一些不雅的下流段子，以此来吸引眼球。这样自然会引来别人的目光，但那些眼光中所带有的感情成分绝对没有一个是赞赏的，绝大部分人会对这样的人嗤之以鼻，认为和这样的人交往是对自己人格的侮辱，品位的降低。哪怕你有着侠义心肠，喜欢助人为乐，平日里乐善好施，但只要一句粗俗的话就会抹杀你全部的优点，在别人的眼里，你会成为一个地地道道的山野村夫。因此，在说话的过程中，我们要避免说脏话粗话，多使用文明用语。在条件许可的情况下，可以引用一些真理性的语言，来显示个人的修养。

2.禁用鼻音

很多人由于长期形成的坏习惯，在和别人交谈或者是发表意见的时候，经常会发出“嗯”“喔”“哼”“切”之类的声音。这些话虽然不是粗话脏话，但会给人一种漫不经心的感觉，感情细腻的人甚至会认为这种发音是对别人人格的不尊重，或者表现了你对交谈者的不重视从而对你产生反感。

3.不能使用流行语

或许是娱乐电视节目看得过多，上网时间太长的原因，越来越多的人在谈话中都夹杂了一些流行语。用“哇噻”表示惊讶，用“哦也”表示兴奋，要么就是用“偶”“东东”“囧”“潮”等词语代替原本的语言。使用这些网络用语的人自以为跟上了时代的步伐，走进了先进者之列，而实际上却并非这样。在校的孩子用这些流行语言可以表明其充满活力，但是走上社会开始频繁与人交际的成年人说这些词就显得不合时宜，要么会让人觉得是在装嫩，要么会让人觉得脑残，还没有摆脱幼稚的阶段。年过而立的人讲这些流行语，则会显得不伦不类，有失身份。

4.有修养

有修养的人在谈话的时候都会掌握分寸，懂得礼数，用词规范清雅，不会因为和别人的意见相左而去争辩和驳斥，不会为了满足自己的好奇心、猎奇欲而谈论别人的私生活，更不会用言语去揭别人的伤疤，让人无地自容，下不了台阶。哪怕别人犯了错误也不会用教训的口气去指责，而是委婉地进行劝说。当别人在言谈之中无意侵犯自己的时候也不会以牙还牙地进行报复。在交际场合，有修养的人能够做到知礼节，懂轻重，能够做到彬彬有礼，进退如仪。有修养的人能够达到更高尚的境界，也更容易获得别人的尊重。

学会洞察，了解对方想听什么

现实生活中，有一些人认为，说话并不是一件容易的事，尤其是在与人沟通的过程中，他们常常会陷入和交谈对象“话不投机半句多”的境地，也有一些人，他们懂得察言观色、投其所好，总是能让听者喜逐颜开，后者就是懂得运用心理技巧沟通的人，不得不说，说话之难，难就难在对象可以犹如变色龙般捉摸不定，你若以一言面对所有人，那就算你“不会说话”了。

事实上，在与人沟通时，懂得投其所好是一种高超的心理沟通技巧。要想和他人顺利交往，首先你就要学会针对对方感兴趣的内容说话，用动听的语言打开对方的心房。一般而言，当人们的意见、观点一致时，彼此就会相互肯定、信任，反之，就会彼此否定，产生防备心理。所以，那些人际关系高手在与他人沟通之前总是先细细揣摩对方的喜好，然后以对方感兴趣的点为切入点，进行交流沟通。事实也证明了这一点，谈话中，没有人会对自己不感兴趣的话题投入过多的热情，而如果遇到自己感兴趣的话题，他们常常会情绪激昂地参与进来。因此，在与人沟通中，你也可以抓住对方的这种心理，深刻了解对方，并与对方和谐相处，从而实现进一步的交流。

因此，生活中的人们，要想在沟通中得到对方的认同，并取得良好的沟通效果，就要先彻底地了解对方的所“好”，知己知彼，真正做到迎合对方，投其所好。

作为一名销售人员，杰奎琳最近要写一份市场报告。但这篇报告的资料却很难寻找到。通过打听，她得知，有一家工业公司的董事长拥有她所需要的资料。于是，杰奎琳便前去拜访。然而秘书告诉杰奎琳，这些机密的资料，董事长是不会交给你这个陌生的推销人员的，随后，杰奎琳听到秘书对董事长说，“今天没有什么邮票。”通过打听后，杰奎琳得知，原来董事长在为儿子收集邮票。

杰奎琳走进董事长办公室之后，刚开始并没有提及资料的事儿，而是先从儿子谈起。

“您办公桌照片上的人是您的儿子吧，我也有个这么大的孩子，很调皮，不过有个很安静的爱好，他喜欢收集邮票。”

听到这话，董事长两眼放光，“是吗？现在的孩子真是不好伺候，除了要给他充足的物质生活，还要时刻关注他的思想动态，稍不留神，他就会闯祸，甚至在学校不听课、打架，尤其是男孩子，越来越不好管教了。”

“是啊，我昨天还被老师叫到学校了。”仔细听完这些后，杰奎琳点头回答道。

“对了，你说你的儿子也喜欢收集邮票，他通常都是自己收集？”

“是的，董事长。”

“那你比我好多了，我每天都要叮嘱秘书为我留意邮票呢！那你有时间能把你儿子的邮票带给我看看吗？”

“当然可以，我还可以送您一些！”

“真的吗？真是谢谢！乔治他一定喜欢，准把它们当无价之宝。”董事长连连感激道。

接下来的时间里，杰奎琳一直和董事长在谈邮票，临走时，秘书稍微提及了一下资料的事，没想到，还没等杰奎琳开口，董事长便把她需要的资料全部告诉了她。不仅如此，董事长还找人来，把一些事实、数据、报告、信件全部提供给了杰奎琳。

我们可以看出，销售员杰奎琳是个懂得投其所好的人，她之所以能拿到自己需要的资料，是因为她从董事长最关心的问题开始谈起——

他的儿子喜欢收集邮票。当她激发起董事长的谈话欲之后，她转变了谈话方式，把谈话主动权交给对方，自己充当倾听者的角色，在倾听的同时，她对对方的谈话内容，表达了赞同的意见，从而引发了共鸣。

从这个故事中，我们可以看到说对方想听的话的重要性。卡耐基也曾经说过，如果想要和他人顺利沟通，并成功地获得他人的好感和认同，最好的方法就是和对方谈论他感兴趣的话题，事实也是如此。

一句话说的好不好是有技巧的，这并不是要我们巧舌如簧，而是要懂得把话说到对方心坎里去，这就是投其所好，对方高兴了，自然愿意听你的意见。而首先，我们必须要猜透对方的心理。

所谓猜透对方心理，无外乎两个原则：

1.饰其所矜

那些他认为骄傲的、值得夸赞的地方，你一定要渲染一下，以提高他的倾听欲望。

2.减其所耻

他自认为不足的、过去所做过的亏心事等，你要学会为其辩解，从而使其宽心。

站在他人的立场上分析问题，能给他人一种为他着想的感觉，这种投其所好的技巧常常具有极强的说服力。要做到这一点，“知己知彼”十分重要，惟先知彼，而后方能从对方立场上考虑问题。

此外，在交流过程中，我们也要学会通过对方的手势、姿势、表情以及当时的整个反应，去分析对方的感情变化，体会对方话语的意义。要知道对方说话时的感受要比他的话语本身更重要。

交谈时不要抢了对方的风头

人际交往过程中，每个人都想得到别人的信任和欣赏，这种信任和欣赏必然是建立在沟通和交流之上的，也就是说必须要寻找到能够和别人谈论的话题，利于友好的沟通，话题聊得投机是获得别人好感最好的捷径。谈论的话题范围很广，最应该注意的一点就是不要始终围绕自己展开谈论，谈话要想较快切入话题，主要看谈话对方的情况，话题适当的要多围绕对方进行展开。

Ula在一家公司当经理的秘书，平时工作业务能力很强，经理也对她的能力很赞赏，可是她在公司的人缘却不是很好，同事都不喜欢和她交流，原因是她总是喜欢说自己的事情，大家听多了也都觉的很厌烦，平时除了工作上的事情需要交流之外，很少和她交流其他的事情。

前几天，公司新调来了一位女经理，女经理把Ula叫到办公室，想从Ula这里了解一些下属员工的工作情况，可是Ula都是在说关于自己的工作情况和取得的业绩，女经理强调了一次，让她谈谈其他员工的工作情况，她对女经理说："其他人的情况我不是很清楚，每次都是他们听我说我自己的工作情况，他们的情况我也没有问过。"女经理说："作为经理秘书，要比经理更加了解员工的工作情况，这是你必须完成的最基本的工作，你总是把话题围绕在自己身上，会让别人对你反感，大家自然不愿意和你交流关于他们自己的事情，别人都不喜欢和你交流，那你的工作要如何更好地完成下去，在以后的工作里要注意多围绕别人的事情作为你们谈论的话题，这样的话不仅有利于你的工作，也能让你在公司赢得好人缘。”Ula点了点头。

Ula的工作能力很强，但在同事之中却没有好人缘，别人都不喜欢和她交流，女经理的话直接点出了Ula的错误，告诫了她在与别人交谈过程中如果总是围绕自己展开话题的话，不仅不利于完成工作也不会赢得好人缘，想要给别人留下好印象，就要改变自己的谈话话题。

在交际中想要找到和别人谈论的话题，需要主动地了解对方，围绕对方展开彼此之间的话题。心理学家总结出了下面这几种心理策略，只要你明白了、学会了以下几种方法，话题不要始终围绕自己，你便可以轻松地找到和别人交谈的话题，让对方对你充满好感。

第一，问候法。问候法往往需要你自己比较主动，问候法中带有请教、问候等内容，你的问候会让对方感到亲切，对方会有问必答，这样便可以直接从他的答话中寻找到适合和对方谈论的话题。这种方法一般适用于对长辈或者上司。

第二，了解法。这种方法与问候法相似，但也有所不同，更适用于平级和对下级、晚辈，多询问他的生活环境和其他情况，对他的工作和生活都有所了解，从了解的情况中寻找与对方之间的共同话题。

第三，闲聊法。在与朋友之间相聚的过程中，闲聊人生、社会等大家共同关心的话题，从大家的反应中得到共同感兴趣的话题。

第四，恭维法。这种方法适用于陌生人之间。知道对方从事的职业，便可以从他的专业、机遇、发展前景等话题入手，人人都爱听好话，对方不会拒绝你的恭维，同时也可以使对方自然而然地谈论自己的事情。从这个角度出发，也会很容易和陌生人轻松沟通，尽快地熟络。

现代人拥有太多的交际应酬，太多的利益纷争，所以在为人处事中必须要有自己的一套心理策略，让自己在社会中站稳脚，同时得到别人的赏识。话题不要始终围绕自己便是不可缺少的心理策略之一，给予对方说自己事情的机会，给予对方谈论话题的兴趣，倾听对方的谈论，这样才能让彼此友好的交流，自己也会在对方的心里留下好印象。

看准场合说好话

任何事情的发生与发展，都是有特定背景的。很多评价和判断，很多待人接物的标准，很多为人处世的方式与原则，一旦背景发生改变，也就会随之改变。因而，我们不管处理什么事情或者是与什么人相处，都不能脱离背景作为依托。否则，就会导致事与愿违，闹得大家都不愉快。

有心理学家经过研究发现，人们在不同场合的感受能力和承受能力是不同的，即便是同一句话，放在不同的场合里，也会对人们产生不同程度的刺激，使其产生不同的反应。举个最简单的例子，一个过分的玩笑放在轻松愉快的场合里说，也许只会使当事人哈哈大笑，一笑了之。如果把这个过分的玩笑放在对方正在遭受灾难，或者正在承受痛苦的时候说，也许就会彻底地激怒对方，使其与你反目成仇，还有可能大打出手。由此可见，说话一定要分场合，才能事半功倍，达到预期的目的。

苗苗和田亮的孩子满月了，他们把几个月前刚刚喝过他们结婚喜酒的亲戚好友们又请到了一起，给孩子过满月。酒席开始之后，他们的好朋友李运才急急忙忙地赶来，一见到苗苗，李运就拿出了一支金笔送给孩子，说留着孩子以后读书的时候用。田亮笑着说："哈哈，你这个叔叔也太心急了，用到这支金笔还得且等着呢！"这时，李运突然得意地反驳道："哈哈，你中计啦，我就知道你会这么说。不早不早，你家孩子肯定比别人家的心急啊，你看看别人家的孩子都在娘胎里十个月，你家才三个月就着急忙慌地出来了！"李运话音刚落，苗苗就羞红了脸，生气地瞪了田亮一眼。

原来，苗苗和田亮举办婚礼时就已经身怀六甲了，这一点大家都心知肚明，但是为了苗苗和田亮的面子问题，他们从不说破。这个李运虽然平日里和田亮是好得穿一条裤子的铁哥们，如今在苗苗和田亮重要的亲朋好友都在的公开场合说出这样的话，却是极其不合时宜的，即使田亮大度一些能够原谅他，只怕苗苗也不愿意再与这样口无遮拦的朋友来往。

其实，如果李运的玩笑话是在关系要好的朋友们私交的场合说，也没有什么大碍，毕竟，铁哥们好姐们在一起总是无话不谈的，即使玩笑有点过，也没关系。但是在孩子满月酒的大喜日子，李运说出这样的话实在是不合时宜，不但让田亮和苗苗夫妻俩丢了面子，也使得在座的亲朋好友们感到很尴尬，根本笑不出来，甚至不知道如何应对。

前文说过，人穿衣服必须符合自己的身份地位；同样的道理，人们说话也要讲究时机和场合。常言道，会说说得人笑，不会说说得人跳。除了语言本身包含的内容和含义之外，合适的时机也是把话说好必不可少的因素之一。在生活和工作中，我们一定要避免因为语言的惯性导致的没有分寸。在说话之前，我们除了要考虑听者的情况之外，还要结合现场的实际情况仔细斟酌，最终才能决定这句话是该说还是不该说。

需要注意的是，我们还要注意控制自己的情绪，尤其是在公开场合，很多人都会得意忘形，一旦现场气氛热烈，马上就会头昏脑涨、不管不顾地说出一些没有分寸的话，这同样是让人难以接受的。总而言之，宠辱不惊，淡定平和，我们才能始终保持一颗平常心，坦然面对生活中或喜或悲的场景，做好自己，善待他人。

避免让“危险语”搅黄沟通

说话，是我们天天都在做的事情，但善于说话，能准确、清楚地表达自己的意图，使对方乐意接受，却是一件不太容易的事情。心理学家理查得·班得勒说过，当你对他人说话时，你不是想给他传递信息，就是想改变他，但在这一过程中，对方是否会接受你的意思，你的沟通目的是否能够实现，又是另外一回事了。其中的症结点在于你是否说了避讳的语言，或者把话题置于危险的境地，这将会直接导致你沟通的成与败。许多人说话不经过大脑思考，只图嘴巴痛快，常常“语出惊人”，踏入“雷区”，最后导致整个沟通都很失败。其实，善于说话并不是一件很简单的事情，那将意味着你所说的话能够令对方乐意接受，而且，你的话语能够巧妙绕过险境，直入对方心里，继而影响对方心理。沟通是双向的交流，它的成败不取决于你说了什么，而是取决于对方的反应，对方不接受你所说的话，那你说得再多也没用。所以，为了让对方乐意接受，我们在说话时需要避开险境，把“危险语”吞进肚子里，这样才能有效地影响他人心理。

古代有这么一个国王，一天晚上做了个梦，梦到满嘴的牙都掉了，于是，他就找了两位解梦的人。这两人一来，国王就说：“梦里满口牙怎么全掉了，到底是怎么一说？”第一个解梦的人就说：“皇上，在你所有的亲属都死去以后，你才能死，一个都不剩。”这个梦给解出来了，这是第一个解梦人这么说的。这皇上一听，心里非常不高兴。第二个解梦人就说了，第二个解梦人这样说：“至高无上的皇上，您将是您所有亲属当中最长寿的一位呀！”大家看一看，同样的内容，同样的事情，两个人就有两种不同的说法。第一个把皇帝说生气了，皇帝龙颜大怒，杖他一百棍；然后，皇帝拿出一百个金币，奖给了第二位解梦的人。

上面这个案例中，同样的一件事情，两人表达了同一个意思，为什么一个挨打，一个却受赏呢？分析他们所说的内容，我们就可以明白了。在沟通过程中，往往会因为一两个“危险词语”而使整个话题都处于危险的境地，第一个解梦的人话里出现了“死”这样的危险字眼，而且还不止一次；第二个解梦的人却从另外一个角度巧妙地解释为“长寿”。于是，两人话里的字眼不同，最终两人受到的待遇也千差万别。

公元1368年，朱元璋登基，建立明朝。一天，一位穷朋友从乡下来到京城皇宫门前求见明太祖。朱元璋听说是以前的老朋友，非常高兴，马上传他进殿。谁知这位穷朋友一见朱元璋端坐在宝座上，昔日的容颜却似乎没有多大变化，便忘乎所以地直通通地说："我主万岁！您还记得我吗？从前你我都替人家放牛，有一天我们在芦花荡里把偷来的豆子放在瓦罐里清煮。还没等煮熟，大家就抢着吃，甚至把罐子都打破了，撒了一地的豆子，汤也都泼在泥地上。你只顾满地抓豆子吃，不小心连红草叶子也送进了嘴里，叶子梗在喉咙里，苦得你哭笑不得，还是我出的主意，叫你用青菜叶子吞下去，才把红草叶子带下肚里去……"还没等说完，朱元璋早就听得不耐烦了，嫌这个孩提时的朋友太不顾体面，于是大怒道："推出去斩了！推出去斩了！"

后来，这件事让另外一个穷朋友知道了，心想这个老兄也太莽撞了，于是，他心生一计，信心十足地去见他小时候的朋友，当今的皇帝。这个穷朋友来到京城求见朱元璋。行过大礼，这个人便说："我皇万岁万万岁！当年微臣随驾扫荡沪州府，打破罐州城，汤元帅在逃，拿住了豆将军，红孩儿挡关，多亏了菜将军。"朱元璋一听，不禁大笑，他认出了眼前的这个是孩提时的朋友，心中更为此人巧妙地暗示他们小时候在一起玩耍的事而高兴，于是让他做了御林军总管，留在了自己的身边。

同是儿时朋友，所受到的待遇却是迥然不同。前者说话太莽撞，把朱元璋儿时的糗事一股脑儿地说出来，这时已身为明太祖的朱元璋怎么能受这样的戏谑，最终那位穷朋友非但没有讨到好处，反而赔上了自己的性命；而后者只是简单地聊了儿时的趣事，其中还包含了对朱元璋的敬仰，最后他却做了御林大将军。

在日常交际中，有一些话题是沟通的“雷区”，稍有不慎就会粉身碎骨，所以，我们应该尽可能地避开这些危险区，避开一些敏感、危险的词汇，这样才能促使沟通的顺利进行。

1.避开隐私

隐私就是不可公开或不必公开的某些事情，有可能是缺陷，有可能是秘密。因此，我们在进行语言交流的过程中，需要避开彼此的隐私，这既是一种礼貌，同时，也可以很好地保护交流的“安全性”。

2.切勿不懂装懂

我们并不是万能博士或者百事通，即使自己知识渊博，但总有一些地方不如人，总有不懂得的一些知识。因此，无论是面对有教养有知识的人，还是面对一个默默无闻的人，我们都应该谦虚谨慎，不可妄发言论。

3.避开忌讳

在谈话过程中，我们需要避开一些忌讳，比如关于“死”的避讳语，“棺材”“寿材”等；对方的生理缺陷，比如“残疾人”等等；对一些不可公开的隐私行为，比如“大小便”等，这些避讳词语都是需要避开的。

4.避开粗口秽语

在交流过程中，我们需要避开粗口秽语，使用文明的语言。言语粗鄙是最无礼的语言，而且，有可能会为自己带来一些不必要的麻烦。

第02章

学以致用，开启顺畅沟通的大门

拥有同理心，营造情感共鸣

我们都有这样的经历，在走进一间陌生的房间，或是与一个不熟悉的人碰面时，在心里对自己说的最多的一句话，就是："这个人是什么样的人，我可以和他交往吗？"的确，面对陌生人，人们总是本能地带有警惕和戒备的心理，这是人类在进化中形成的自我保护的方法之一。因此，如果你想迅速地拉近和陌生人的距离，进而与之沟通，首先就要制造情感共鸣，打开对方的心门。

心理学上有个著名的概念——同理心，所谓同理心，就是要站在对方的角度和立场上思考问题，在人际沟通中，表达同理心是非常重要的，表达同理心能让对方意识到你跟他是始终站在一起的，无形之中就有效地拉近了双方的距离。

事实上，任何两个初次见面的人，都处于一定的心理戒备状态，彼此之间都会存在心理距离，而沟通的根本目的也就在于打破这种心理隔膜，建立友谊从而达到更深层次的交际目的。而如何拉近彼此之间的距离，最重要的一点就是我们要懂得运用心理技巧，制造出惺惺相惜的心理磁场，从而达成一种同理心。

我们在与人沟通的时候，要想和陌生人一见如故，关键是要在初次见面的交谈上下工夫。与人交谈的过程中，我们必须在缩短彼此的心理距离上下功夫，力求在短时间内了解得多些，缩短彼此的距离，才能在感情上融洽起来。孔子说："道不同，不相为谋"，志同道合，才能谈得拢，有共鸣才能使谈话融洽自如。

那么，我们该怎样与初次交往的人制造同理心呢？

1.寻找共同话题

这就要求我们善于观察，一个人的心理状态、性格、爱好乃至精神追求等，都或多或少地在他们的表情、服饰、谈吐、举止等方面有所表现，只要你善于观察，就会发现你们的共同点。除此之外，我们还要学会揣摩、分析，因为对方的很多信息都隐匿在交谈的话语中，需细细分析才会有所察觉。

2.学会一些拉近彼此之间关系的语言技巧

比如，我们可以多从以下几个方面注意自己的说话方式：

首先，多赞美对方。

若想让对方觉得我们关心他，就该赞夸他的各种潜力；多赞美对方较不易为人所知的优点，可以加深对方对你的好印象；每次见面都找一个对方的优点赞美，是拉近彼此间的距离的好方法。

其次，多注意一些礼貌用语。

使用"请教""帮我"等语气，较易获得对方的好感；常用"我们"这两个字可以拉近彼此间的距离。因为"我们"善于制造彼此间的共同意识，对促进我们的人际关系将会有很大的帮助。

再者，与人交谈中，可以多叫几次对方的名字，增加彼此间的亲近感。

不断地称呼对方的名字，往往会使刚刚认识的人产生彼此已经认识了很久的错觉。

3.以好感为起点，让彼此之间的心理场更稳固

与人交往，找出共同话题，建立好感并不是什么难事，但要将彼此之间的关系拉进更深一层次，就体现出你的语言水平了。发现共同点是不太难的，这只是谈话的初级阶段所需要的，你要做的是巩固、加深彼此间的关系。

总之，无论我们使用什么方法，一旦和对方产生了心理共鸣，人与人之间的摩擦事件与心理冲突就会大大减少，就更容易建立良好的沟通氛围，所以，为了使自己的热情获得他人的正面评价，我们有必要在沟通前先热身，积极创造条件制造同理心，和对方站在同一战线上！

温暖温情胜于严寒冷酷

法国作家拉·封丹写过这样一则寓言故事：一股南风和北风于天空中相遇，二者互不相让，一直僵持不下，这时，路过一个行人，他们决定打个赌，看谁能让这个行人将身上的衣服脱掉，谁赢了就得让路，南风、北风就刮它那个方向的风。北风首先发威，顿时冷风凛冽寒冷刺骨，行人为了抵御北风的侵袭，把大衣裹得更紧了；南风则徐徐吹动，

顿时风和日丽，行人觉得温暖全身，开始解开纽扣，继而脱掉了大衣。南风便轻而易举地获得了胜利。

这就是心理学上人们常说的南风法则，“南风法则”也叫做“温暖法则”。它告诉我们：温暖胜于严寒，温情往往比冷酷更能打动人心。

同样，这一法则也告诉生活中的人们，与人沟通，想要了解对方的真实想法，与其苦口婆心地劝说，倒不如用温情打动。

球王贝利有“黑珍珠”之称，可以说，他是人类足球史上享有盛名的天才。在他很小的时候，在足球上就已经表现出了超出常人的天赋，并且取得了惊人的成绩。在贝利小时候，因为球赛后身体疲劳而和伙伴们一起抽了一支烟，但不巧的是，却被他的父亲发现了。

晚上，贝利的父亲坐在椅子上询问他：“你今天抽烟了？”

小贝利低着头、压低了声音慢慢地说：“抽了。”他已经做好了被父亲惩罚的准备。

但是，父亲并没有这么做。他从椅子上站了起来，在屋子里来回走了好半天，这才开口说话：“孩子，你踢球有几分天赋，如果你好好坚持下去，将来或许会有点儿出息。但是，你应该明白做一名足球运动员的前提是有良好的身体素质，可今天你抽烟了。也许你会说，我只是第一次，我只抽了一根，以后不再抽了。但你应该明白，有了第一次便会有第二次、第三次……每次你都会想，仅仅一根，不会有什么大碍的，但天长日久，你会渐渐上瘾，你的身体就会变差，而你最喜欢的足球可能会因此渐渐地离你远去。”

说到这里，父亲问贝利：“你是愿意在烟雾中损坏身体，还是愿意做个有出息的足球运动员呢？你已经懂事了，自己做出选择吧。”说着，父亲从口袋里掏出了一沓钞票，递给贝利，并说道：“如果不愿意做个有出息的运动员，执意要抽的话，这些钱就给你买烟用吧！”说完，父亲走了出去。

小贝利望着父亲远去的背影，仔细回味着父亲那动情入理的话语，不由得伤心地哭了起来。过了一会儿，他止住哭泣，拿起钞票，来到了父亲的面前。

“爸爸，我再也不抽烟了，我一定要做个有出息的运动员。”从此，贝利训练更加刻苦，终于成为一代球王。

从贝利的这则故事中，我们也看到，人与人之间的沟通，情理化的方式比大发雷霆要管用得多。

人都是情绪化的动物，情感，是进入别人内心，拉近双方距离的最有利武器。因此，凡是有沟通的地方就有情感发挥的余地，只要懂得这个道理，情感就会在你的人际沟通中助你一臂之力，让你轻易地征服对方。

“南风法则”告诉我们，在与人沟通的时候，用好的态度、温和的方式比用高傲相持的生硬方式更容易提高办事的效率。在与人相处时，用友善体贴的方式会比强悍冷漠的方式更易俘获他人的心。

根据“南风法则”，我们该如何感化对方呢？

1.时刻不忘微笑的力量

人们总是愿意与那些热情、开朗的人打交道，善于微笑的人，总是能给他人留下良好的第一印象。

2.态度要诚恳、说话要亲切

在与他人沟通的过程中，要让对方感到你是诚实的，人们是不愿意和一个虚伪狡诈的人打交道的。另外，一定要把话说得亲切、和蔼，这样才能使对方感到愉快，从而对你产生信任，因此，说话一定要恰如其分，符合双方的身份，不然，就会引起对方的反感。

3.进一步，哪怕再小的事

要知道，认同感的产生，表明你已经赢得了对方的好感。通常情况下，如果你将这种好感搁浅，你们就会返回到陌生人的状态，因此，你不妨多关心对方，这种关系自然会深化。

的确，如果你能够时时刻刻对别人表示出关心和爱护，或者用柔声细语的方式劝阻对方做某件事情，那么对方往往会更加积极地为你做事，这种以柔克刚的方式多半能够给你带来意想不到的收获。

总之，“良言一句三冬暖，恶语伤人六月寒”，在与他人的沟通过程中，应该多用关心、爱护、尊重、赞美等积极情绪感动对方，让对方感到你是从内心深处关心他，这能将彼此的感情拉得更近、更亲，也更易得到他人同样的关心和爱护。

感同身受，打动对方

很多时候，我们自以为是正确的，是权威人士，因而对于他人的所说所想，总是不分青红皂白地就否定他人，甚至严肃地批评他人。实际上，这个世界上的每个人都是肉体凡胎，都是会犯错误的，包括我们自己在内也会错误频出，在这种情况下，谁又有权力去指责谁呢？因而真正的明智者，从来不会肆意否定他人，而是会主动反思自我，做到更加宽容和理解他人。哪怕遇到的确是他人犯下错误的情况，我们也要首先认同对方，让对方对我们敞开心扉，更加理解对方，从而才能让我们说的话进入对方的心里，真正打动对方的心。

人的本能就是趋利避害，没有人愿意听到逆耳的忠言，而是愿意听到顺耳的良言和美言。为了照顾他人的心理，对他人起到更好地教育和引导作用，我们在否定和批评他人之前，一定要先认同对方，从而使说服起到更好的效果。

就像《大话西游》里说的，人与人之间最远的距离，就是站在彼此眼前，却互相都不认识。现代社会，这样的情况其实很多，很多人都是表面上关系亲昵，但是实际上却彼此疏远，这是因为他们彼此的心门已经关闭了。由此可见，人与人之间要想真正做到真诚交流，就必须首先获得心与心之间的信任，和彼此间的坦诚相见。唯有如此，交往才能事半功倍。

大学毕业后，明丽一直想离开父母的身边，去大城市独自打拼，活出自己的一番新天地。遗憾的是，明丽的父母是老来得子，他们直到四十五岁才有了明丽这个独生女，所以明丽大学毕业时，他们都已经年近古稀了。这样的情况下，使得他们当然不愿意唯一的独生女离开自己的身边，毕竟他们已经老了，也需要孩子照顾了。为此，他们强烈反对明丽离家太远，而是希望明丽去省城工作，这样他们也能够倾尽全力去省城买房，从而到女儿身边养老，同时照顾女儿。

殊不知，明丽却越来越叛逆，一门心思地想要去大城市工作。父母越是反对得厉害，找来七大姑八大姨劝说明丽，明丽反而更加坚持。有一天，从上海回来的表姐也来到了家里，明丽一见到表姐，就说："你也是来劝我的吧，我建议你还是不要白费力气了。当然如果你就是来做客，找我玩的，我双手欢迎。"表姐微微一笑，说："我才懒得劝你呢，相反，我很理解你，毕竟我当年也是非常迫切地想要离开家庭，所以才去了上海。"明丽一得到表姐的认可，就高兴地说："表姐，我就知道你在上海生活了这么多年，肯定和他们不一样，他们都是老迂腐。"这时，明丽突然想起什么似的问："表姐，今天不是周末，也不是节假日啊，不年不节的，你怎么回来了呢？"表姐无奈地说："我请了一个月的假，回来伺候爸妈呢！前段时间，老妈脑溢血，原本老爸还可以勉强照顾，但是老爸不小心摔了腿，我只好丢掉工作回来了。哎，人到中年，上有老，下有小，我才真正觉得离家近是个宝啊！如果不是已经结婚成家了，还要考虑到老公的意愿，我真的想要回到家乡工作。你看看我现在，原本父母年轻还好，现在父母都60多岁了，经常生病，我一年要回来好几次，每次都要请长假，老板都想开除我了，我也不知道我的工作还能干多久。但是，原本距离父母远就已经是不孝了，如果父母生病了我还不闻不问，岂不是更不孝顺了吗？"看到表姐无奈的样子，明丽不由得想到自己的未来。她想到自己的父母已经快七十岁了，如果自己出去打拼几年，不得不回家照顾父母，那么真的不如父母所说的那样，去省城工作生活，安家落户，把父母带在身边，一劳永逸呢！

就这样，明丽改变了注意，不想再一门心思地去大城市工作了。

表姐之所以能够成功说服明丽，就是因为她没有像大多数说客一样，第一时间就否定明丽的选择。相反，她第一时间对明丽表示认可和理解，从而使得明丽能够敞开心扉接纳她。后来，她又以自身的生活体验，告诉明丽她的苦恼。其实明丽完全有自己的意见和主张，也能够独立进行思考，这样一来明丽当然能够在慎重思考之后做出明智的选择。

很多人都觉得与志趣相投的人交谈，能够谈笑风生，时间在不知不觉间就流逝了。但是如果与话不投机的人交谈，哪怕半句也是太多的，因而没有人愿意与自己唱反调或者话不投机的人交谈。在这种情况下，我们要想说服他人，或者与他人愉快地交谈，就必须首先认同他人，成功打开他人的心扉，从而让交谈更加愉快，顺利进行下去。

设身处地，让心防不再

人与人之间，之所以有着不可逾越的心防，是因为人们知道他人不会完全为自己着想，为了维护自己的合法权益和利益，他们就只好更多地为自己考虑，同时也小心翼翼地防备着他人。那么反过来想，一个人如果想要打开他人的心防，要是能够做到设身处地地为他人着想，这无疑是个非常好的方法。这样一来，他人就会更加信任我们，对于我们的意见也会从谏如流，当然我们与他人的交往也会水到渠成，再无障碍。

然而，设身处地地为他人着想说起来虽然简单，但是做起来却很难。这是因为我们不是他人，也不是他人肚子里的蛔虫，所以哪怕我们站在他人的角度思考问题，也不能完全理解他人的感触和体会。在这种情况下，作为旁观者和局外人，我们也只能尽量争取设身处地地为他人着想，从而增进我们与他人之间的关系。

婵莎原本只是个小小的秘书，但是却在两年的时间里被提拔为总经理助理，这与她平日里很擅长为他人着想是分不开的。在当秘书期间，婵莎并没有事不关己、高高挂起，对于很多不属于自己工作范畴的事情，她也总是力所能及地去做。诸如，有段时间总经理到办公室很早，婵莎就主动提前把总经理的办公室打扫干净，这样总经理办公的时候就无需再被清洁工打扰。

设身处地为他人着想，不但使婵莎赢得了总经理的赏识，而且也为婵莎结下了好人缘。有一次，婵莎去总经理办公室送一份报表，正巧遇到总经理在责备办公室主任小刘没有给他的办公室准备茶叶。看到小刘被总经理训斥得不敢抬头的样子，婵莎马上说："总经理，刘主任每天繁杂事情也挺多的，肯定是不小心忘记了。要是您不嫌弃，我正巧有老家亲戚给的明前茶，一会儿我就给刘主任送去，让刘主任泡着给您尝尝。"婵莎的话成功给总经理灭了火，刘主任也满怀感激地看着婵莎，因为婵莎给她解了围。就这样，婵莎不但获得了好人缘，而且得到了总经理的赏识。

婵莎能够被提升为总经理助理，实际上完全是情理之中的。她凡事都能够设身处地为他人着想，帮助他人分忧解难，大家当然都很喜欢她，而总经理呢，也恰恰需要这样一个思维缜密、做事周到的下属，所以总经理助理的职位也就非婵莎莫属了。

那么，如何才能做到设身处地为他人着想，并且以此提升自己的人缘呢？实际上，我们可以先制造自己人效应，当他人觉得我们与他们是同一战壕的盟友，那么他人自然会对我们说出的话表示认可，而不会心生排斥。此外，我们还可以与他人寻找共同话题，从他人的出发点出发，来考虑问题。这样，他人也会对我们心存感激，自然不会时时处处与我们作对。总而言之，要想让他们认可我们的话，与我们产生心理共鸣，我们就不能只以自己为中心，从而处处要求他人迁就我们。人与人之间的距离并非是不可逾越的，当我们能够成功跨越与他人之间的障碍，我们与他人的关系就会变得更加亲近，我们与他人相处也才会得到有效改善。

开放提问，找准对方兴趣点

前文我们说过，在面对陌生人或者不太熟悉的人时，为了使谈话的氛围更加和谐愉快，我们应该说些双方都感兴趣的话题，最好是彼此之间共同的爱好。即使我们与对方没有共同的爱好，也可以提前了解对方的兴趣爱好，做做功课，这样不至于在交谈的时候冷场，导致尴尬。然而，还有一种情况也是我们必须想到的，即我们面对的的确是陌生人，但是我们并没有时间提前了解他的兴趣爱好，更不可能做功课，因为我们刚刚面对他，就要开始交流，努力说服他。这种情况下，应该怎么办呢？只能摸着石头过河，走一步看一步了。

即便是摸着石头过河，我们也可以尽量为自己争取机会。很多人与人交谈时，喜欢问些特别具体的问题，而且是封闭式提问。例如：“你喜欢看书吗？”“你喜欢打篮球吗？”“你喜欢绘画还是喜欢音乐？”诸如此类的问题，别人只能回答喜欢或者不喜欢，绘画或者音乐，除此之外，再无发挥的空间。从心理学角度来说，这样的问题是引导性问题，当你期望对方按照你的思路回答问题时，采取这种提问方式当然是很好的。不过，这种问题的答案里信息量少得可怜，不适合用于向陌生人提问。当你希望从陌生人那里得到尽量多的信息时，你应该改变思路，采取开放性的提问方式。例如：“你平时喜欢做什么？”“运动的方式特别多，你最偏爱哪种运动？”“我对艺术的了解很粗浅，您呢，更喜欢哪种艺术形式？”虽然是相似的三个问题，但是回答的人却有了更大的发挥空间。在聆听他们回答的过程中，你也许会发现新的提问点，或者是你擅长的领域，从而就此和对方展开深度的交谈。由此一来，你自然能够发现对方感兴趣的点，从而更好地深入交谈。

在这个聚会上，雯雯很无聊，因为她完全是被一个朋友临时拽过来当陪客的，因此，当朋友和相熟的男性在舞池里翩翩起舞时，雯雯觉得自己被整个世界遗忘了。她蜷缩在沙发的一角，不停地喝葡萄酒，借此排遣寂寞。这时，一个风度翩翩的男性走到她跟前，邀请她跳舞，她马上就像是一只处于防备状态的刺猬，彬彬有礼得近乎冷淡地说：“对不起，我不会。”那个男性也坐在沙发上，笑着说：“正好，我也不经常跳舞。咱们可以一起喝喝酒，聊聊天。”

男性问雯雯："请问您是哪里人？您的普通话说得非常好，很纯正。"

雯雯笑了，毕竟每个女孩都喜欢听到恭维的话，她说："我是苏州人。我以前就读师范院校，普通话等级是一乙。"

"哇塞，苏州人居然把普通话说得这么好，您读书的时候一定是乖乖女，非常用功。我曾经去过苏州，人们说得苏州话，我几乎听不懂。很高兴认识您啊！您能和我介绍介绍苏州的著名景点吗？我上次去是跟团，行程匆匆，还想再去一次呢！"

雯雯感觉面前这个男性还算可爱，因此说："读书的时候的确很用功。苏州最有名的景点当然是园林，例如拙政园，个园等。那里的园林不同于北方城市的园林，非常粗犷大气，苏州的园林很精致，讲究一步一景。"

男子马上附和道："是的，是的。我去过拙政园，觉得和颐和园相比，简直太小了，但是很精致，别有韵味，就像是您的美丽，也很精致，不同于北方的女子，有一种婉约的气质。"

雯雯的嘴角情不自禁地挂上微笑。接下来的很长时间，他们都在谈论苏州园林和苏州女子的美丽。这时，响起了另一支舞曲，男子适时地说："现在这首曲子清新舒缓，正适合苏州的美女，不如咱们也去跳一支舞吧！"雯雯笑了，她没法拒绝这样的邀请。

在这个事例中，被拒绝之后，男子并没有放弃，而是采取开放式提问的方式，和雯雯开始交谈。再加上他恰到好处的恭维，原本落寞寡欢的雯雯，也兴致高昂起来，说了很多关于自己的事情。当再次面对男子的邀请，雯雯当然无法拒绝，因为他们显然已经在交谈中变成了熟悉的人。就这样，男子成功地了解了雯雯，还赢得了雯雯的好感，获得了与雯雯共舞一曲的机会。

很多时候，我们面对陌生人之前根本没有机会做功课，也就没有时间去准备谈资。这时，我们必须发挥聪明才智，运用开放性的问题，灵活地从交谈中得到更多的讯息，从而了解对方的兴趣点所在，与对方更好地交流。

第03章 话外之音，领悟对方真实意图

了解他人，推动交谈进展

语言并非我们所理解的那样只是简单的说话，它的内涵比说话更广泛，也更深刻。语言的表达，不仅仅传情达意，也能表现出一个人的知识、涵养、性格、兴趣和喜好等。当然，很多人作为运用语言的高手，也许会把话说得滴水不漏，但是却不能把自己的声调语气和肢体语言也很好地掩饰和伪装起来。这些无意识的表现，恰恰是通往每个人内心的桥梁。

语言表达涉及的方面很多，例如表达的方式、说话的语气和声调等，再加上说话时的各种肢体动作，更是让人们的内心在语言之下暴露出来。那些当久了领导的人，说起话来难免带着官方的味道，听上去完美无瑕、无懈可击，却显得有些不够真实和实在；那些说话时总是有所保留，即便是和很亲密的人说话也依然给自己留有退路的人，实际上是非常谨慎和小心的，他们自我保护意识很强，从来不会轻易相信任何人；有些人一张嘴就是“我妈说”，这样的人虽然看起来已经是成人，实际上缺乏主见，习惯了让妈妈当家做主，安排他的人生：有些人说起话来啰啰唆唆，几句话能说完的事情非要说个没完没了，性格必然拖泥带水，遇到事情很难在短时间内做出决定；那些喜欢传播流言蜚语的人，实际上内心很孤独，希望从流言蜚语的传递中获得他人的认同和关注……总而言之，在语言表达时的不同表现，都带着人们不同的性格、人格和心理，我们必须细细观察，才能透过现象看本质，在最短的时间内成为沟通高手。

要想了解他人，成为沟通的高手，一味地说显然是不行的。聪明人都能够想明白，听比说更重要，这也是上帝为什么要人拥有两只耳朵而只拥有一个嘴巴的原因！除此之外，在计划与陌生人进行交流时，我们还要学会提前做好功课。尤其是在职场上，很多谈判或者会晤都是至关重要的，往往会影响人们后续的合作。因而，在交谈开始前先做足功课，从各个渠道收集关于对方的资料，更好地了解对方的脾气秉性、兴趣爱好，往往会使交谈进展得更顺利。

对于这次谈判，小薇已经准备了很久。这次谈判的对象是公司最大的潜在客户，一旦成功签约，对于整个公司的前途和命运都是影响深远的，为此，小薇不但对项目做足了准备，还细心地通过各个渠道，了解到对方公司的谈判代表张副总是一个喜欢户外运动的人，还常常去人迹罕至的地方探险呢！为此，小薇特地了解了世界上知名的一些旅游胜地、探险圣地。

果不其然，张副总也是有备而来，对于小薇提出的好几个方案，都因为有瑕疵而否决了。眼看着谈判陷入僵局，小薇提议先吃饭，下午再继续谈。当然，小薇要尽地主之谊，她选择了本地最好的一家西餐厅，其实她是想把谈判从会议室转移到西餐厅来，以一种更加和谐的方式进行。吃饭的时候，张副总自然地说起他去过的某个地方牛排最好吃，小薇呢，虽然没有去过，但是因为做足了功课，所以丝毫不怯场。她谈笑风生地说：“张副总，你走遍世界，见多识广，是不是也吃过撒哈拉沙漠里的骆驼肉呢？据说，有很多人都吃不惯骆驼肉。”张副总惊讶地笑了，说：“哦，你对这个也有研究？”小薇笑了，说：“我呀，自从读了三毛的《撒哈拉沙漠》之后，就无限神往。本来，我还和老总说呢，如果这次签约顺利，我一定要争取半个月的带薪假期，亲自去看一眼撒哈拉沙漠，那可是每个三毛迷魂牵梦绕的地方啊，也是无数探险家的乐园。”张副总突然对眼前这个娇弱的小薇另眼相看起来，马上详细地告诉小薇去撒哈拉沙漠的注意事项，以及那些值得观赏的著名景点，还有事关安全的很多地方。看到张副总这么用心，小薇感激地说：“谢谢您啊，张副总，看来我的撒哈拉之行能够得到您的成全了，要不然您岂不是和我白费口舌？”听到小薇的话，张副总笑着说：“当然当然，总会有机会的，你这么优秀！”

经过西餐厅的一番轻松愉悦的交谈，小薇明显感觉到下午的谈判进展得非常顺利。对于此前因为小瑕疵被否定的方案，张副总居然主动给出改良的意见，就这样，他们很快就针对合作的很多方面达成了共识，谈判圆满结束。

在这个事例中，小薇之所以能够扭转局面，最终促使谈判成功，就是因为她事前做足了功课，能够和热爱旅游与探险的张副总相谈甚欢，而且对于那些世界著名的旅游胜地，也有自己独到的见解。如果你也像小薇这么用心和细致，也许生活和工作上都会顺利很多哦！

当然，交谈的情况总是千变万化，我们还应该把握交谈对象在交谈中细致入微的变化，才能更加及时地洞察他们的内心世界，从而更好地为接下来的谈话做铺垫，使其水到渠成。

关注对方无意识的反应

在进行交流之前，人们也许会精心设计话题，策划交流的节奏和进度，但是一旦交谈正式展开，就会有很多突发的情况，导致我们根本无法按照既定的计划进行下去。其实，从本质上来说，交谈也是无法策划的。除了能够提前想好话题之外，交谈的进展很多情况下并不以人们的意志为转移，而且因为存在太多的不确定因素和随时会发生变化的情况，也导致交谈只能根据心性随性而为。那么，如何才能做到更好地掌控交谈的各个方面呢？这与深入他人内心，洞察他人心理，是密不可分的。

在观察他人在交谈中的表现时，我们应该注意，很多东西都是刻意伪装出来的，要想让观察达到预期的效果，我们就要更加关注交谈者无意识的反应。因为无意识的反应很难伪装，因而更能表现出交谈者内心深处的想法，也会更加真实地反映出交谈者深层次的心理和心态。

作为初三学生的多多，几乎每天都在提心吊胆中度过，尤其是进入初三下学期以来，学校里一个考试紧接着另一个考试，所有同学都无暇喘息。对于多多这样成绩中不溜秋的孩子而言，是最尴尬的。因为父母既没有因为她成绩太差对她失去希望，也没有因为她成绩很好而完全不担心。用妈妈的话说，对多多抓得紧一些，她就上去了，对多多抓得松一些，她就下去了，正处在关键时刻，妈妈简直一刻都不敢放松。

这不，多多昨天的月考成绩下来了，英语只考了79分，距离妈妈要求的80分只差一分。那么，妈妈还会兑现她的承诺，达到80分就带多多出去旅游两天，完全不提学习的事情吗？多多简直不敢想象妈妈在看到她英语成绩那一刻的表情。后来，多多把自己的担忧告诉了爸爸，看到多多无限憧憬着这场期待已久的放松旅行的模样，爸爸很心疼。为此，爸爸偷偷把多多的分数改成了89分，当多多提心吊胆地洗完手来到妈妈面前时，却看到妈妈眉开眼笑的样子，不由得困惑地看了看爸爸，爸爸呢，向多多挤了挤眼睛，多多马上意会了。

就这样，第二天周末，爸爸妈妈带着多多一起朝着度假村开去，多多简直觉得天都更蓝了。然而，妈妈兴奋之后冷静下来，非要仔细看看试卷上到底出现了哪些错误。这时，多多吞吞吐吐地说："就是那个，那个选择题不是么，我其实原本选的是对的，但是交卷之前又坚持了一下，就把对的改错了。要不还能得到90分呢！还有就是作文，阅读理解……你当然知道的，你知道我阅读理解一直都不太好，我也不想这样，但是我实在是……"多多突然间紧张起来，不停地揉搓自己的鼻头，爸爸赶紧打圆场，妈妈却已经猜到了有些事情是她不知道的。因而妈妈拿出放在自己手提包里的试卷仔细看了起来，这一看可不得了，她发现了分数的更改。不过看到多多和爸爸那么开心的样子，就像出了笼子的鸟儿一样，她按捺下怒气没有声张，直到旅程结束回到家里，她才询问爸爸到底是怎么回事。

原本妈妈并没有起疑心，但是当看到多多紧张害怕得语无伦次时，妈妈才感受到异样。这样的语无伦次，并非能够掩饰的。而且，撒谎者说得越是多，越是能够让人感受到她的欲盖弥彰。当然，除了语言的反常之外，多多还使劲地揉鼻子，这也是很多撒谎的人无意识的举动。

其实，人的心理活动虽然看似隐藏很深，但是每一种心理活动在其面部或者肢体上，都会有一定的投射，只要我们在交谈的过程中用心地观察他人，就会发现这些微妙的无意识的活动几乎无处不在，能够捕捉到它们的人，一定是洞察人心的高手。

从话外音中找寻秘密与惊喜

经过几千年的沉淀和发展，中国的汉字越来越博大精深，和表音文字相比，表意文字本来就更加深奥。再加上生活中人们不断地提升和深化，使得语言已经不仅仅只有表情达意的功能，而且在很多情况下能够传递更多的欣喜。

如果你喜欢看《动物世界》，那你一定对赵忠祥的解说印象深刻；如果你喜欢看各种体育类节目，那么你对宋世雄激情澎湃的解说也不会陌生。这些解说，都是所谓的画外音，是为了帮助人们更加深刻地理解电视节目，因而特意进行的解读。和这个画外音异曲同工，如果你想了解一个人表达的真实含义，仅仅从字面进行理解也是完全不够的，更重要的在于了解他人的话外音，这样才能体会话中真正的含义和用心。所谓听话听音，锣鼓听声，由于事情的进展程度不同，每个人的脾气秉性不同，所以话外音也是完全不同的，在这种情况下，要想准确了解话外音，除了需要了解事发当时的背景之外，最重要的还需要了解说话者的脾气秉性，及其为人处世的风格等。

对于一个心思缜密的人而言，生活中实在有太多的内容无需直接明白无误地表达出来，而只要把话说到位，聪明的人就能一点即通。而且，有些话如果说得太直白也会显得很尴尬，在这种情况下，我们就更要仔细体味他人的弦外之音，这样才能准确把握对方的意思，从而实现彼此间更好的沟通。

作为这家公司的销售代表，张单最近一直在四处奔波，推销公司的产品，扩大销路。毕竟在这个金融危机席卷全球的艰难时刻，如果不主动出击，就只能被动等死。张单很清楚，自己的命运与公司的前途是紧密相连的。

一天，张单来到合作很久的一个大客户公司，面见采购经理陈总。显然，采购经理对张单并不陌生。在见到张单之后，他先发制人："实在抱歉，张经理，你也知道最近金融危机，我们公司减产也挺厉害的。"张单陪着笑脸："当然当然，我知道咱们都是同病相怜，你老兄的日子也不好过。不过，你们公司总归没有停产，你看看，能不能多照顾照顾我们的生意，毕竟咱们也是打过很多次交道啦，对于产品的质量等，你应该都有所了解。"陈总也不是省油的灯，当即说："是的，你们是大企业，产品质量是信得过的。不过你也知道，既然利润降低了，我们就只能开源，从节省成本上入手。实不相瞒，最近这段时间有几家公司都来找我们谈合作，我们老总的意思是一定要在保证质量的情况下，利润最大化。”张单很聪明，马上意识到对方是在压价，因而毫不迟疑地说：“陈总，首先我保证我们的质量一定是过关的，不会有任何偷工减料的情况出现。其次，您也是做实体企业的，知道成产和成本之间的关系。我想，如果我现在给您一个离谱的价格，您肯定也不会相信我愿意做赔本的买卖。这样吧，我也是痛快人，不喜欢拉锯战。我就告诉你我们公司的销售底价，也就是保本价。你知道，如果不是现在公司急于回笼资金，是不会这样赔本赚吆喝的。”说完，张单拿出了自己的报价书，双手递给陈总。陈总笑着说：“好，我会很快看完给你答复的。你要相信，同等价位的情况下，我们当然愿意选择质量更过硬的产品。”

一周之后，陈总打电话让张单过去签订供货合同，张单这才松了口气，庆幸自己选择了毫无保留的谈判方式，最终才能让陈总看到他的诚意。

在金融危机的浪潮中，很多实体企业因为占用了太多的资金，不得不清空货存，收回资金，才能再次投入正常的运营和生产，在这种情况下，张单也是被迫无奈，才直截了当地把自己的报价单给了陈总。其实，陈总是个说话很委婉的人，他一开始不好意思直接拒绝张单，隐晦地告诉张单有很多公司找他们寻求合作，而且公司老总要在保证质量的情况下开源节流，实现利益最大化，实际上就是在告诉张单要把价格降到最低，才能进入他们的考虑范畴，作为备选项。听到陈总的话说得如此明白，张单自然也就不再啰唆，索性死马当作活马医，最终反而赢得陈总的认可和赞许。

人们常说察言观色，所谓察言，就是要从一个人的言谈举止中看出他的品性、风格以及弦外之意，只有正确地察言观色，我们才能在人际交往中如鱼得水，游刃有余。

口头禅，帮你洞察人心

生活中，有很多人都有口头禅。这些口头禅往往是无意识地脱口而出，因而想要改掉口头禅也并非一件容易的事情。尤其是在交谈中，这些口头禅会更加频繁地冒出来，甚至说话的人都没有意识到它们的出现，它们就已经从说话者的口中蹦到了你的耳朵里。熟悉心理学的人都知道，越是无意识的东西，越是能够表现人们内心深处的所思所想和所感。

如果你想成为社交生活中洞察人心的达人，千万不要忽视这些不起眼的口头禅。虽然这些口头禅只有短短的几个字，甚至只有一两个字，但是它们却蕴含着很多深层次的内涵，能够让你以此作为渠道，进入他们的内心世界，了解他人内心深处最真实的想法和动机。通常情况下，希望得到别人信任的人总是会再三强调“说真的”“相信我”“不骗你”；判断能力强且自信的人，他们往往思想睿智，有着自己的独特见解，因而说起话来带有很强的支配性，喜欢说“一定要”“必须的”“肯定会”；和这种确凿无疑的说话方式相比，有些善于自我保护的人则显得非常隐晦圆滑，他们喜欢说“可能”“也许”“应该”……当然，还有些人喜欢说些无意识的口头禅，听起来也许毫无意义，实际上说明他们的心里正在进行紧张的思考，诸如“嗯”“啊”“哦”“这个”，等等。如果常常听领导开会，你就会发现领导最喜欢说的话是“总而言之”“综上所述”“归根结底”等。这是因为领导通常会在大多数人都发言之后进行总结性发言，说些有概括性的话，日久天长，就形成了这样的思维模式。当然，作为普通人，如果想要进行总结性发言，也很有可能说些类似的话。

当然，事情的发展是千变万化的，每个人的脾气秉性也是完全不同的，因而在交谈的过程中，各种各样的口头禅都有可能出现。作为观察者，一定要根据事情的实际情况，综合说话者的脾气秉性和处事风格等，进行最全面的分析。

眼看着就要大学毕业了，但是马苏的毕业论文还没通过。原本，他想一鸣惊人，就找了个比较冷门的课题进行研究。不想，关于这个课题的参考资料非常少，而且也没有什么专业的书籍，马苏又不甘心半途而废，只好硬着头皮写了下去。果不其然，迄今为止他的论文已经改了三遍了，还是没有通过。

这次，马苏决定拜访他的导师张教授，当面接受张教授的教诲。一个周日，马苏拎着礼物敲开张教授的家门。恰巧，张教授正在院子里喝茶，马苏便也坐下来，与张教授探讨关于他论文的选题。张教授劝说马苏：“虽然这篇论文你已经改了好几次，但是我依然建议你换个选题写，也许能够提高通过的可能性。你选择的这个课题是专业领域内的冷门，很少有人敢涉及这个方面，它就像是一个空白，没有参照。如果你换个课题，也许很快就能通过了呢！”对于这篇自己已经改了三遍的论文，马苏当然不舍得放弃，他喋喋不休地央求张教授给予他具体的指导，张教授最终叹了口气说：“哎，我告诉你啊，这个课题很难通过，因为没有准确的科研数据可以参考，你怎么就不信呢？”

马苏马上从张教授的话里听出了厌烦的意味，他当即起身告辞，说：“张教授，您放心吧，我一定会把这篇论文写好的！”

对于马苏的固执己见，急于让马苏通过毕业论文的张教授，未免有些厌烦了。虽然他说得很隐晦，但是敏感的马苏还是听出了他的话外之音，感受到了他的不耐烦。为此，不愿意服输的马苏当即起身告辞，他决定凭着自己的实力通过论文，一定不会放弃。

需要注意的是，有些人的口头禅是习惯性用语，不管在什么情境下都会使用，因而无法作为洞察其内心的依据。只有根据具体的情景进行客观分析和冷静思考，我们才能更加准确地判断他人的心理，为与他人的交往奠定良好的基础。

夸张表达，表露内心真实想法

很多人说话时都秉承着尊重事实的原则，与他们恰恰相反，生活中也不乏有人说起话来总是夸夸其谈，甚至会把事实夸大数倍。在精确的科学数据面前，这样的夸大当然是不合时宜的，但是对于生活中无关紧要的事情，稍微夸大一些也没什么关系。曾经有心理学家经过研究发现，大多数喜欢夸张的表达方式的人，都是非常积极乐观的，而且很渴望与人交流。

举个最简单的例子，假如你在商场里试穿一件衣服，导购小姐说你穿着很得体且很衬托气质，但是你认为那是导购小姐为了推销采取的策略，因而你会问一个同在店里选购服装的女士，女士说：“这件衣服真的特别配你，你看，你皮肤这么白皙，而且气质高雅，这件衣服不管是款式还是颜色，都特别搭配你！”听完这样一句话，你也许马上就会与对方攀谈起来。虽然对方是在赞美你，也夸大其词了这件衣服与你的搭配程度，但是你是真的感到高兴，因为没有人会拒绝赞美。再加上对方也恰巧是个喜欢交流的人，也许你们之间还会因为这一次的机缘巧合变成朋友呢！

作为丑媳妇首次见公婆，静静特意精心准备了礼物。由于公婆都是东北农村的，所以静静准备了两条羊毛羊绒加厚的保暖套装。进了公婆家的门，当静静拿出礼物的时候，公公只是表达了谢意，就把礼物放到一边了，婆婆的表现则完全不同，她不但当着静静的面打开礼物，还狠狠地夸张了一番：“哎呀，你这个闺女可真是太会买衣服了。这种加厚的羊毛羊绒裤，我已经喜欢很久了呢！这种裤子真是超级暖和，上次和我打麻将的林大妈，就有一条这样的裤子，是她女儿买给她的。不过，静静买的这条更厚实，即使零下四十度也不怕了。这下好了，我再也不用羡慕别人有闺女了，从现在开始我也有小棉袄啦！”

婆婆的话虽然听起来很夸张，但是却听得静静心花怒放。一则婆婆很会夸张，也不吝啬赞美和感谢，二则心理学专业的静静知道，婆婆一定是个快言快语好相处的人。至此，她心里的一块石头也落了下来，毕竟婆婆好相处就是做媳妇的最大的幸运啊！

对于说话夸张的婆婆，静静毫不反感，反而看出婆婆是一个心直口快的好人。这让静静很心安，再也不用担心与婆婆相处不好啦！从心理学的角度来说，说话喜欢夸张的人很希望得到他人的关注，而且有着想要说服他人的强烈欲望，婆婆之所以夸张地表达，一则是为了讨得静静的欢心，二则也是为了让公公对这份礼物心满意足。

如果你遇到了一个说话夸张的人，恰巧你也谈兴正浓，那么不妨多与对方聊聊吧。尤其是对于家中的父母，如果说话也很夸张，或者在你离家远行归来之后发现他们说话变得夸张，那正是因为他们内心空虚，想要与你多多交流的表现。对于爱沟通的人而言，也许你耐心的陪伴和倾听，就是给他们的最好礼物。

第04章 妙用博弈，把握语言交流主导权

语言的魅力，事半功倍

如果生活中的很多事情都用武力解决，那么世界和平时至今日也无法到来，人们依然会被战争的水生火热折磨，痛苦地生存。幸好，除了依靠武力，更多的聪明人选择用智慧解决问题。除了手，我们还有能言善辩的口。为此，各种各样的谈判频繁举行。在世界范围内，峰会的召开也给各个国家的首领建立了新的沟通渠道，使得一切局势在恶化之前就能得到有效控制。因此，作为地球上的居民，我们才能尽情享受和平年代的幸福安乐。

语言的魅力在哪里呢？有人说是犀利，有人说是尖锐，有人觉得刻薄最好，有人认为通情达理的话别人更愿意听……对于语言，每个人都有自己的理解，也有独特的表达方式。我想说，语言的魅力就在于兵不血刃。即使是很白热化的问题，如果恰当好处地运用语言的魔力，也能兵不血刃地解决问题，尤其是当难题随着语言的交流迎刃而解时，那种畅快欣慰的感觉，不是每个人都能享受到的。

东晋时期，屯骑校尉郭默骁勇善战，让很多人听到他的名字就闻风丧胆。然而，他因为在战场上屡屡立下功劳，居功自傲，从来不把他人看在眼里，简直就是天不怕地不怕。有一次，平南将军因事得罪了他，他居然为了报自己的私仇，杀死了平南将军。事情发生后，为了掩人耳目，他伪造诏书，诬陷平南将军谋反，被他处死。如此一来，他滥杀无辜的行为反而变成了为国立功，虽然宰相王导最终知道了事情的真相，但是因为担心郭默实力太强，朝廷也拿他没有办法，因此不但没有治他的罪，反而还提拔他当了更大的官，知道此事的人无不愤愤不平，感慨唏嘘。

当时在朝中为官的陶侃得知此事后，马上上书给朝廷，请求皇上派兵讨伐郭默。此外，陶侃也写了一封信给宰相王导，要求他不要犹豫迟疑，立即制裁郭默。在信中，陶侃愤而写下这样的语句："郭默为了一己私恨，杀死州官，你就任命他当州官。如果有一天他胆大包天杀死宰相，难道就让他当宰相吗？"这样的两句话，铿锵有力，让王导无从辩驳，内心深受震撼。接到信后，他当即委派陶侃率军，讨伐郭默。郭默自知自己不是陶侃的对手，因此急得如同热锅上的蚂蚁，团团乱转，为了避开陶侃，他准备率领军队南下。出乎他意料的是，陶侃出兵神速，郭默还没动身呢，就已经被陶侃率领的军队阻断了去路。郭默无计可施，慌乱之中被叛变的属下抓住，送给陶侃。

在这个事例中，原本宰相王导已经容忍了郭默的作为，然而，陶侃的一封信，让王导不得不坚定原则，派兵讨伐郭默。这就是语言的魅力，陶侃的两句犀利的语言，就改变了整件事情的局势，也为枉死的大臣讨回了公道。反之，如果陶侃擅自发兵讨伐郭默，那么也许会冠以叛乱的罪名。正是他的信，帮他得到了出兵的特赦令，这样，他就可以光明正大地讨伐郭默了。

每次出门前，我都会在衣柜里挑选衣服。当然，等到我好不容易赶在预定时间内找到合适的衣服，穿着出门时，根本没有时间整理乱糟糟的衣柜。当我回来的时候，发现婆婆已经主动帮我把衣服收拾好了，还把帮我把衣服都放进了柜子里。但是，我不喜欢婆婆帮我收拾房间，更不喜欢她帮我收拾衣柜。因为经她收拾的衣柜，不是衣服搭配不对，就是衣服放错了地方，我又不好意思直接说婆婆，怎么办呢？有一天，在婆婆再次帮我整理好衣柜后，我当着婆婆的面故意感慨道："妈妈呀，每次你帮我把衣柜整理好，我就特别想再买衣服，因为看起来实在太整洁了。"从此之后，婆婆再也不帮我整理衣柜了，她可不想让他儿子辛苦挣来的钱都被我败光啊！

作为儿媳妇，面对婆婆好心帮忙整理衣柜，即使心里不喜欢，也不能明确拒绝，否则就是狗咬吕洞宾——不识好人心了。为此，聪明的儿媳妇想出了一个好办法，夸奖婆婆把衣柜整理地太整洁干净，说自己看着整理好的衣柜特别想买衣服。这样一来，勤俭节约外加心疼儿子辛苦挣钱的婆婆，自然不敢再帮儿媳妇整理衣柜了！儿媳妇呢，不但没有得罪婆婆，还夸奖了婆婆，岂不是一举两得吗！

朋友们，当你们遇到为难的事情不好意思直接说的时候，是否也会像这个儿媳妇一样，换一种方式委婉地表达自己的意思呢？这样一来，不但大家和和气气，而且还使事情有了更好的结果，简直就是皆大欢喜啊！

激将法，碰撞对抗的火花

生活中，相信我们大部分人都听过博弈一词，那么什么是博弈呢？博弈的本意是：下棋。最初，博弈论主要研究的是象棋、桥牌、赌博中的胜负问题。现代博弈论将博弈定义为两个人在对局中利用各自的策略来对抗对方的策略，以达到取胜的目的。

诺贝尔经济学奖获得者包罗·萨缪尔逊曾说："要想在现代社会做个有价值的人，你就必须对博弈论有个大致的了解。"现代社会，博弈论早已渗透到人们生活和工作的各个方面，其中就包括与人沟通。

深谙心理博弈的人都知道，在生活中，我们免不了有求于人，有时候，正面劝说的结果似乎总是事与愿违，但我们可能忽视了一点，那就是人们都有不服输的逆反心理，越是被否定，越是要证明自己；越是受压迫，越是要反抗等。如果我们告诉对方事情存在一定难度，他可能办不到时，那么，便能激起对方的挑战欲，从而愿意一试。

《三国演义》中有这样一个故事：

马超率兵攻打葭萌关的时候，张飞主动请求出战。

诸葛亮却佯装没听见，对刘备说："马超智勇双全，无人可敌，除非前往荆州唤云长来，方能对敌。"

张飞说："军师为什么小瞧我？我曾单人独骑抗拒曹操百万大军，难道还怕马超这个匹夫！"

诸葛亮说："你在当阳桥抗曹，是因为曹操不知道虚实，若知虚实，你怎能安然无事？马超英勇无比，天下的人都知道，他在渭桥大战曹操，把曹操杀得割须弃袍，差一点丧命，绝非等闲之辈，就是云长来也未必能胜他。”

张飞说：“我今天就去，如战胜不了马超，甘当军令！”

诸葛亮看“激将法”起了作用，便顺水推舟地说：“既然你肯立军令状，便可以为先锋！”

实际上，在《三国演义》中，诸葛亮常用这种方法来“激”张飞，因为他深知张飞是个火爆脾气，于是，每当遇到重要战事，先说他担当不了此任，或说怕他贪杯酒后误事，激他立下军令状，增强他的责任感和紧迫感，激发他的斗志和勇气，清除他轻敌的思想。

求别人办事的时候，倘若能够明白对方属于哪种类型的人，说起话来就比较容易了。

曾经，在美国 有一位富豪，他想为公司建立一座办公大楼，但这可不是一笔小钱，他还需要贷工程款500万美元，然而，他在纽约市辗转了很多家银行，都没有人肯贷款给他，然而此时，大楼的建设工作已经动工了，很多工程人员也已经到位，如果拿不到贷款，他将会有很大的麻烦。

这天，他和一位纽约市金融机构的主管在一起吃饭。

他拿出经常带在身边的一张蓝图。正准备将蓝图摊在餐桌上时，那位主管对他说：“在这儿我们不便谈，明天到我的办公室来。”

第二天，当他断定大都会公司很有希望给他抵押贷款时，说道：“好极了，唯一的问题是今天我就需要得到贷款的承诺。”

“你一定在开玩笑，我们从来没有在一天之内给过这样贷款的承诺。”主管回答。

他把椅子拉近主管，说：“你是这个部门的主管，也许你应该试试看你有无足够的权力，能把这件事在一天之内办妥。”

主管微笑着说：“你这是让我为难，不过，还是让我试试看吧。”

结果非常理想，这位富豪成功地达到了自己的目的。

富豪的话明显是对那位主管能力和权威的一种挑战，尽管这位主管不一定真的有那么大的权力，于是，为了证明自己能完成这一项有难度的任务，对方自然会答应。以激将法说服别人，务必找到并击中对方的要害，迫使他就范。就这件事来说，要害是那位主管对他自己权力的威严感。

生活中，有些人，如果正面激励他完成某项任务或者求他们帮我们办事的话，他会推三阻四，讨价还价，即便是勉强答应，也像欠了人情，如果我们能将“激将法”这一博弈策略运用得好的话，我们在说话办事的过程中将会如虎添翼。

那么，这一博弈策略具体有哪些方式方法呢?

第一，明激法。

明激就意在直接了当、充分利用对方的逆反心理，通过一阵“猛雷”使对方当头一棒，从而达到你的目的。比如，你可以这样说：“我明白，您老不帮忙，可能也是心有余而力不足吧？”这句话在他心里的分量是很重的，因为每个人都不愿意被人看扁。

第二，暗激法。

暗激法就是借赞美他人来贬损对方，达到激将的目的。

勾践出兵伐吴，半路上遇见一只眼睛瞪得大大的，肚子鼓得圆圆的，好像在发怒的大青蛙，勾践于是手扶车木，向青蛙表示敬意，手下人不解，问其缘故，勾践说："青蛙瞪眼鼓肚，怒气冲天，就像一位渴望战斗的勇士，因此我对它敬重。"全军将士都觉得受大王恩惠多年，难道不如一只青蛙？于是相互劝勉，抱着坚定的信念，驰骋疆场，为国立下了战功。

除此之外，我们在运用这一博弈策略的时候，要先了解对方，因人而异。要对对方的心理承受能力有所了解，如果激而无效，那么也是白费力气。还有，说话要掌握火候，语言不能"过"，如果语言平淡，就不能产生激励效果，如果言语过于尖刻，就会让对方反感；语言不能过急，也不能过缓。过急，欲速则不达；过缓，对方无动于衷，无法激起对方的自尊心，也就达不到目的。

总之，巧言激将，一定要根据不同的交谈对象，采用不同的激将法，才能收到满意的效果。犹如治病，对症下药，才有疗效。

用猎奇心理吊足对方胃口

心理学上有个著名的"猎奇心理"，"猎奇心理"属于人的一种心理活动，每一个人或多或少都会有这样的心理。猎奇心理就是：对别人越不让你去做的事越想要去做，要看个究竟，并且好奇心特大。"猎奇心理”也就是我们常说的好奇心理。在人际之间的沟通上，我们也可以利用人们的这一心理，“说话留三分，设置悬念”，能帮助我们掌握沟通的主动权。这一心理技巧是先将自己的思路引入对方的思维轨道，然后，把对方置入困惑的境地，点燃对方的帮助欲望。说话留三分，又可以称为“吊胃口”，你可以先说出令人深思的话语或者出人意料的现象，在这时候设下悬念，秘而不宣，吊住对方的胃口，在对方不断地追问之下，你再提出自己的要求，这时你就掌控了沟通的主动权了。

老李是个典型的大忙人，最近，他为一项工程做策划任务繁忙，已经好多天都没有和孩子坐在一起吃团圆饭了。

一天晚上老李加班到9点多，工作了一天很累并有点烦。回到家中发现孩子还没有睡，在等他，孩子开口说道：“我可以问你一个问题吗？”老李回答：“什么问题？”孩子好奇地问：“你1小时可以赚多少钱？”“在这等我不去睡，就是为了问这个问题吗？无聊。”老李生气地说。“我只是想知道，请告诉我，你1小时能赚多少钱？”孩子几乎用哀求的口气问他。老李回答说：“你一定要知道的话，我1小时赚20元。”“哦，”孩子低下了头，接着又说，“你可以借我1个硬币吗？”老李发怒了：“开什么玩笑，现在就回去睡觉。好好想想为什么你会那么自私，我每天长时间辛苦工作着，没时间和你闹着玩。”

老李平静下来，意识到自己刚才对孩子太凶了，他走进孩子房间问道：“为什么你无缘无故想要硬币呢？”“这些钱都是我存的，不过还差10个硬币，如果我有了20个硬币，我还有一个小小的请求。”老李有点好奇：“什么事啊？”“我可以用这20元钱向你买1个小时的时间吗？明天下班了，我想和你一起到外面吃晚餐。”孩子开口说道，老李哈哈大笑：“就这啊，我还以为是什么大事呢，没问题，明天我提前下班，咱们好好吃一顿。”

孩子先以“问钱”设下悬念，等老李到9点仅是为了问一句“1小时可以赚多少钱？”这个问题显得突兀而奇怪，然后再以“借钱”设悬念：“平时很少要过钱”的孩子竟向自己开口借10个硬币，以致“老李发怒”，而后为了解开疑团，老李主动询问，孩子趁此机会提出“要求”，老李在欣喜之余答应了。

从心理学的角度看，所谓好奇心，指的是人们在遇到新奇的事物时或处在新的外界条件下所产生的注意、操作、提问的心理倾向。我们每个人的心理都是不满足的，而好奇心就是人们希望自己能够知道或了解更多事物的不满足心态。在与人沟通中，假如能巧妙设下“陷阱”，激起对方想了解你的欲望，那么你的目的就有可能成功了一大半。

当然，“说话留三分”也是需要技巧的，凡事都要有个度，“说话留三分”也不例外，在适当的时候戛然而止，说出你的风采，一句机智的妙语胜过一摞劣书。

1.故意说错话

在沟通过程中，不妨故意说错话，但话到中间却又巧妙一转，比如，如果你有求于他人，你可以在此时表示自己的歉意“不好意思，这些话不该说的，其实，我不想让你知道我现在的处境”，激起对方的好奇心，追问之下，再假装无奈地说出自己目前的情境，顺势提出请求，对方会很乐意帮助你的。

2.设下“陷阱”

依然是以求助为例，有时候，对方可能根本不知道你有求助的意思，所以，你要巧妙设下“陷阱”，通过自己的语言或行为透露给对方“自己有可能出事了”，这样他反而会主动问你“出了什么事”“需要帮忙吗”。

3.设悬念

如果对方主动问你“出了什么事情”，你可以设计悬念“我也不知道怎么说……还是不要跟你说好了”“其实都是小事，你还是不要知道好了”，点燃对方想要帮助的欲望，这样对方会继续追问，迫切地想了解你的情况，甚至主动提出给予你帮助。

可见，我们在沟通中，如果能在说话时巧妙留三分，恰到好处地留下“悬念”，这样就会使对方在回旋推进的言论中产生“山重水复疑无路，柳暗花明又一村”的感觉，继而激发无穷的趣味，有效地影响对方心理，最后一步步达到自己的目的。

巧用心理定势，让对方称赞不已

六岁的哥哥在和两岁的妹妹做一个好玩的游戏，哥哥不停地提问题，妹妹不停地点头。“恬恬，你棒不棒？”“棒！”“恬恬，你美不美？”“美！”“恬恬，你好不好？”“好！”“恬恬，你坏不坏？”“坏！”哥哥捧腹大笑，恬恬不好意思地挠挠脑袋：我到底哪里错了呢？显而易见，恬恬被心理定势捉弄了。她一直以肯定的口吻回答哥哥对她的提问，却没有注意到“棒”“美”“好”等词语，已经被哥哥偷偷地换成了“坏”。由此一来，恬恬顺嘴就承认了自己是个小坏蛋。这样的谈话模式也时常出现在相声演员的表演中，一个人问另一个人很多问题，另一个人都连连点头称是，结果对方突然调转话头，他依然点头称是，观众们不由得捧腹大笑，这也是心理定势。

何为心理定势呢？顾名思义，心理定势就是心理上的“定向趋势”。在进行保持特定趋势的心理活动之后，人们的心理就会自发地形成准备状态，对即将面对的情况起到固定方向的作用，这样的心理状态常常会导致人们不假思索的对眼前发生的相似状态做出反应，如果被对方偷换概念，就会造成完全相反的结果。假如在一诺千金的谈判桌上巧妙利用心理定势，让对方不知不觉中答应我们的要求，那么谈判就会顺利很多。毕竟，谈判桌上很多人说话都是谨慎三思，因此即使不小心说出让之后悔的话，只要不会导致严重后果，人们通常也不会反悔。这样一来，谈判结果自然会更加倾向于让我们满意啦。

皮特想买一辆车，因此趁着假期去4S店看了看。销售人员看到皮特在其中一款车前看来看去，因此走上前去，说："先生，这是最新款，性能非常好。"皮特遗憾地说："是啊，的确很好，但是太贵了。我的预算是10万美元，这款车却需要15万美元。"销售员说："先生，没关系，这款车现在正在促销期，是大力推广的。如果您喜欢，我可以去找经理给您申请优惠，您觉得怎么样？"皮特的眼睛亮了一下，问："能优惠多少呢？""不管能优惠多少，只要有优惠就是好的，对不对？省钱才是王道。"说完，销售员去找经理了。

不一会儿，他兴高采烈地回来了，对皮特说："先生，我真是要恭喜你中大奖了！今天是月末最后一天，经理正在冲销量。他说了，如果你今天能定下来，给您申请1万美元的优惠，1万美元啊，赶得上好几个月的薪水了呢！""其他车有优惠吗？""没有，只有这款车。买到，就是赚了。"销售员极力鼓动皮特，皮特真的觉得自己如果买这辆车就是赚到了。

后来，销售员又以同样的方法，向皮特推销了各种内饰，皮特都觉得自己买了个便宜。最后，皮特刷卡付出了17万多美元，才意识到自己中了销售的圈套。这几乎比他的预算高出了一倍，接下来他必须节衣缩食了。

精明的销售员，正是运用了心理定势的方法，让皮特觉得自己买这辆车是赚了莫大的便宜。接下来，他又趁热打铁，用同样的方法劝说皮特买下了很多内饰，最终皮特付出了17万多，才结束整个购车的消费。其实，很多销售员都会用这种策略引导客户消费，先给客户小小的甜头，让客户在赚了便宜的暗自窃喜中，在心理定势的作用下，不停地掏腰包买单。

朋友们，你们是否觉得心理定势很神奇呢？如果你们也能恰到好处地运用心理定势，说服他人，那么你们的说服工作一定是事半功倍。

关键时刻亮底牌，让对方心悦诚服

很多喜欢打牌或者打麻将的朋友都知道，很多时候，我们并不能一股脑地把所有好牌都打出来，而是要适当地亮出好牌，从而有所保留，把自己最佳的底牌留到适当的时候再亮出来，从而起到事半功倍的效果。这才是牌场上高手的表现，如同老谋深算的老狐狸，从来不轻易表现出自己所有的实力，而是把自己的底牌留到必要时刻隆重登场，给对手造成措手不及的效果，同时也使得事半功倍，效率倍增。

在生活中，与他人相处的时候，我们常常面临很多困惑的时刻。有的时候，我们明明已经知道了对方的心思和计划，或者是对方曾经做过的事情，但是对方就是死不承认，甚至是在面对公安人员审讯的时候，或者在法庭上面对法官的审判时，依然有很多犯罪分子负隅顽抗，无论如何也不愿意打开心扉，坦白罪行。这样一来，难道公安人员或者法官就没有其他的办法让犯罪人员认罪伏法了吗？当然不是，他们绝不会轻易放弃，而是会努力寻找罪证，从而在犯罪人员心理濒临崩溃之前，抓住时机把罪证亮出来，这样一来，犯罪分子很可能马上崩溃，也就会对自己的罪行供认不讳了。其实，在日常的交往和谈判中，我们也可以使用这种方法，对谈判对象展开攻心术，从而对谈判对象一招制敌，取得决定性的胜利。

常言道，笑到最后的人才是笑得最好的人，很多时候一时的胜利并不代表什么，而是要以毅力坚持下去，才能获得最终真正的胜利，成为那个笑到最后的人。这样一来，不管谈判刚开始进展如何，我们都不能焦躁和气馁，而是要保持冷静和理智，从而才能淡定从容应付接下来的局面，在关键时刻亮出自己的底牌，取得决定性的胜利。

作为公司的首席文秘，吴越同时兼任总经理助理的重要职务，也做着办公室主任的活儿。总而言之，不管是总经理，还是办公室里的其他人，全都对吴越非常尊重和信任，一旦遇到为难的事情，他们就会马上找到吴越解决。吴越呢，也的确不负所望，她就像是整个公司的大管家，对于任何事情都管理得很好。

有段时间，办公室里新招聘来几个大学生。有一天，总经理因为银行下班，就把当天收到的一笔现金留在了办公室的抽屉里，没有去存入银行。因为之前也有过很多次这样的情况，而且安全无疑，所以总经理丝毫没有担心这笔钱的安全问题。但是第二天到了办公室，总经理拿了现金去存入银行，却被银行告知这笔钱还差800元才到5万元整。总经理很纳闷，因为他收钱的时候用点钞机点了好几遍，是5万元无误啊。为此，总经理一回到公司就开始嚷嚷：办公室里向来平安无事，难道现在多出来第三只手，居然一夜之间钱就蒸发了800元？总经理嚷嚷了很长时间，都没有效果。毕竟任何人拿了钱，现在东窗事发，都是不敢直接站出来承认的。

思来想去，吴越对总经理说：“一直以来，咱们办公室都很平安，现在来了几个新人，就出现这样的情况，大致范围应该可以锁定。咱们不如打草惊蛇，从而收回这笔钱，相信有了这次的教训，他们应该不会再轻易犯这样的错误了。”得到总经理的认可后，吴越在办公室里说：“今天，我听清洁工说在下班之后，有人进入了总经理的办公室，但是我愿意相信这个人只是一时冲动，而并非有预谋的，他只拿了800块钱，也是因为心存侥幸，所以我很愿意再给他一个机会。要知道，主动把钱还回来，和被清洁工指认出来，性质是完全不同的。但是我也没有那么多的耐心，我只愿意给他一个下午的时间。想想吧，现在找工作不容易，因为几百块钱失去一份工作，可谓得不偿失。”就这样，又一个晚上过去，次日总经理上班的时候发现办公桌上放着800元钱，而且钱下面还放着一张A4纸打印出来的字条：“对不起，经理，我保证绝不再犯这样的错误。”

吴越圆满解决了这个问题，而且也挽回了一个原本可以年轻有为的下属。其实，吴越之所以一招制敌，就是因为她假装自己是有底牌的，而且在关键时刻亮出了底牌，这样一来，那个自以为神不知鬼不觉的人，就会自觉心虚，感到羞愧，从而也就主动改正错误，抓住了吴越给她的机会。

其实，在很多不知道他人行事的情况下，我们可以使用所谓的“底牌”打草惊蛇，这张底牌既可以是实际存在的，也可以是虚无的或者是捏造出来的，总而言之，只要能够起到预期的效果，就会事半功倍。当然，在使用亮相底牌的方法时，我们也要注意一些事项。诸如，使用亮相底牌的方法时，亮相底牌时，不要显得过于生疏和僵硬，而要顺其自然，顺势而为；其次，亮相底牌必须把握好时机，不要随随便便就在不恰当的时机把底牌展示出来，否则无法起到预期的效果，而是要在最后的关键时刻亮相底牌，这样才能事半功倍，效率倍增。总而言之，底牌一定要在关键时刻展示出来，才能起到该有的效果，才能帮助我们打好对他人的攻心战，从而成功说服他人。

因人而异，让交际收放自如

俗话说：“求神要看佛，说话要看人。”人上一百，形形色色，每个人都有自己的性情，每个人都有不同的心理。这时候，我们的语言表达方式也需要因人而异，需要迎合对方的性情、心理特点，才有可能影响对方的心理。否则，一味地强势或一味地退却，只会使我们在交流中处于越来越被动的位置。所以，我们在与他人交流的时候，需要讲究看准人下“话药”，如此这般，才能使自己在人际交往中如鱼得水、应对自如。

两千多年前，孔子的学生仲由问：“听到了，就可以去干吗？”孔子回答：“不能。”这时，另一个学生冉求也问了同样的问题：“听到了，就可以去干吗？”孔子回答说：“那当然，去干吧！”公西华听了，对于老师孔子的回答感到很疑惑，就询问孔子："这两个人问题相同，而你的回答却相反，我有点儿糊涂，想来请教。"孔子回答："求也退，故进之；由也兼人，故退之。"

孔子的意思就是，冉求平时做事喜欢退缩，所以我要给他壮壮胆；仲由好胜，胆大勇为，所以我要劝阻他，做事要三思而后行。孔子诲人也不是千篇一律，更何况是说话呢？我们在面对不同的说话对象时，需要看准人下"话药"，时而强势，时而退避三舍，这样才能有效地影响他人心理。

战国时期著名的纵横家鬼谷子曾经说："与智者言依于博，与博者言依于辨，与辨者言依于要，与贵者言依于势，与富者言依于高，与贫者言依于利，与贱者言依于谦，与勇者言依于敢，与愚者言依于锐。""说人主者，必与之言奇，说人臣者，必与之言私。"一个人要善于说话才会受欢迎，而且要能够根据不同的人说不同的话，使自己的话语有"弹性"，那么，你的人际交往也会相应地收放自如。

1."见什么人说什么话"

在我们开口说话之前，需要仔细观察了解对方这个人，或是了解性格特征，或是了解他的喜好。在交谈进行的过程中，势必要"见什么人说什么话"，比如，对上司不能强势，只能退避三舍；自己的利益受侵犯时，必须强势，维护自己的利益。

2."对方想听什么，你就说什么"

当我们置身于一个谈话环境，你就必须清楚与对方的关系，了解对方的喜好禁忌，了解对方喜欢听什么，讨厌听什么。这时候，洞悉其心理，对方想听什么，你就说什么，那些讨嫌的话绝对不能说。

3.“肚子里有货才能倒得出来”

当然，为了能够应对各种人，我们必须不断地积累知识，拓展自己的知识面，这样才能和什么人都有话说，才能够说出对方喜欢听的话。

第05章

巧用暗示，让言语表达委婉入心

用暗示牵着对方思路走

人与人之间的交流，最重要的是使用语言作为交流的工具和沟通的介质。的确，人们之间进行语言交流，目的就在于传递信息，抒发自己的情感和情绪，表达自己的观点和意见。这一切思想的交换活动，如果离开语言，都是不可能完成的。很多人在现实生活中习惯于直截了当、开门见山地表达自己的想法，实际上，很多话一旦明确地说出来，就失去了意义。对于那些无法言明的话，对于那些不得不说出来的话语，我们完全可以使用打暗语的方式来与他人沟通。通常情况下，没有人愿意接受我们的操控和指挥，但是不管是在生活中还是在工作中，很多时候我们偏偏需要与他人更好地交流和沟通，甚至还需要让他人按照我们的意思去做，这样一来，如果我们直截了当地命令他人一定会被拒绝，那么我们就可以使用暗语，从而使他们在潜移默化中接受我们的影响和引导，最终让事情朝着我们所期望的方向发展，也让他人的表现更加符合我们的预期。

在金融危机席卷世界的时候，美国经济也处于下行阶段，很多年轻人大学毕业后都面临着待业的局面，根本找不到合适的工作。莉莉也是待业大军的一员，大学毕业后整整半年，她才找到现在的这份工作——珠宝店的销售员。虽然这份工作与莉莉的理想工作相差甚远，但是就业形势如此严峻，莉莉对于这份能帮助自己自力更生，而且能帮助自己减轻妈妈负担的工作，非常珍惜。每天早晨，她早早去到店里开门，而且还会主动打扫卫生。平安夜，天上突然下起大雪，天气变得异常寒冷，次日圣诞节，莉莉比往常更早地起床，因为路很难走，所以她必须比平时更早到达店里，才能来得及打扫卫生。

莉莉来到店里的时候，天色还很早，大街上人烟稀少，天气寒冷，大家都不愿意那么早起床。莉莉打开店门，和往常一样拿出一盒戒指，准备擦拭。正当此时，她看到有个衣衫褴褛的中年男人推门而入，看到那个男人非常憔悴，莉莉不由得紧张起来。正当此时，电话铃声突然响起，莉莉一紧张，手一抖动，居然把戒指盒子打翻了。莉莉三言两语接完电话，赶紧低头在地上寻找戒指，然而，她努力找了很长时间，依然有一枚戒指不见踪迹。这时，莉莉突然看到那个中年男人已经走到了店门口，正准备推门而出。莉莉心中猛然一惊，意识到那枚戒指一定在男人的手里，怎么办？此时街道上人烟稀少，商场里的保安也还没有上班，如果莉莉呼救，肯定后果不堪设想。为此，莉莉突然说：“很抱歉，先生。您知道，现在找工作很难，这是我大学毕业后半年才找到的工作。我没有父亲，母亲辛苦工作，供养我和弟弟，现在我好不容易工作了，我想为她分担负担……”莉莉的话虽然听起来有些无厘头，但是男人却站住了，显然他听懂了莉莉的意思。

男人回过身，走向莉莉，并且向莉莉伸出右手，说：“你一定能够做好这份工作！”莉莉迎上前来，和男人握手，感受到那枚戒指正在她的手心里散发温度。她真诚地看着那个男人，说：“先生，您一定会有好运气的！”

就这样，在危急关头镇定冷静的莉莉赢得了好运气，她成功地打动了那个男人，从而要回了那枚戒指。假如莉莉不是使用这样暗示的方法，而是直接呼救，甚至和男人争抢这枚戒指，那么结果一定会不尽如人意。幸好莉莉的平静也安抚了男人紧张不安的心情，让男人能够经过理智思考之后，选择帮助莉莉保住这份工作，不得不说，莉莉的暗示起到了非常好的作用。

在暗示他人时，为了让暗示起到较好的效果，我们应该以友好温和的语气和他人说话。其次，我们还要站在对方的角度上思考问题，审慎处理并理解对方，而不要把对方放在我们的对立面，使得对方对我们的任何言行都心怀警惕。此外，我们还可以暗示对方我们其实和对方的经历很相似，从而引起对方的感情共鸣，让对方意识到我们也很艰难，从而理解和同情我们。总而言之，我们必须更真诚地对待他人，打消他人对我们的戒备和疑虑，才能事半功倍地暗示和影响他人，让他人循着我们的思路走。

旁敲侧击，一种更直接的方式

人与人在交往中很多事情并不会如我们所预期的那样发展，而是会有很多突发和意外的情况产生，导致人们彼此之间的关系变得紧张，甚至是剑拔弩张。这就像是生活一样，并不总是令人愉快的，也会有悲伤的局面需要应对。在这种情况下，作为交往主体的人们，应该调整自己的思路，让自己更加灵活主动地面对这些变故。唯有如此，才能做到淡定平和，从容不迫。在遇到非说不可的难堪事情时，也未必要直截了当，除了前文所说的暗示方法之外，对于生性愚钝的人，旁敲侧击则是一种比暗示更加直接的方式，却也不乏委婉。当对方从你的旁敲侧击中领悟到你的意思时，也就避免了尴尬和难堪，使彼此之间在事情解决的过程中和圆满解决之后，关系都一如往常，不会受到负面的影响。

哪些事情或者物件可以用来旁敲侧击呢？只要有心，生活中的很多事物和事情都可以拿来旁敲侧击。尤其是涉及某件事情的时候，就更是可以用道理相似的事情来进行说明和点拨。当说话者能够巧妙灵活地运用旁敲侧击的方法时，就能够让听话者从心灵上受到震撼，从而更加主动地反思自身。

眼看着就要大学毕业了，在省城读大学的豆豆很想离开家，去遥远的大城市打拼一番。豆豆是爸爸妈妈40多岁时才有的独生女，因此爸爸妈妈简直把她当作心头肉。如今，豆豆大学毕业了，爸爸妈妈也60多岁了，因而根本舍不得让豆豆远走。但是，任凭他们说破了嘴皮子，豆豆就是不愿意留下来，还让爸爸妈妈不要束缚她的翅膀。

无奈之下，爸爸妈妈只好请来豆豆的表姐丝丝，想让丝丝给豆豆做思想工作。原来，丝丝当年也和豆豆一样，为了去大城市，离开了家，舍弃了父母为她找好的工作。但是就在去年，丝丝却选择了回到家乡，回到父母身边。这到底是为什么呢？一看到丝丝，豆豆就马上说："表姐，我知道你是来当说客的。你可别说我啊，说了我也不听，还破坏了你在我心目中的良好形象。"丝丝笑着说："我可不是来说你的。我只是来给你送行的，我支持你出去。""哦，真的吗？"豆豆高兴地说，"那可太好了，我的耳朵都快被磨出老茧来了。"丝丝说："趁着年轻，出去走一走看一看当然好，就像我，如果不是当初走出去几年，现在也不能心甘情愿地回来啊。"豆豆赶紧问："是啊，表姐，你为什么回来呢？我一直不明白。"丝丝笑着说："其实也没什么，就是父母经常生病，我从那么远的上海回到东北，每回来看他们一次都要在路上花费很长时间。你也知道，去年我妈和你爸一样得了心脏病。这个病可等不了我从上海回来啊，要是她真的有个三长两短，我岂不是一辈子都要活在懊悔之中么？这样想着，我觉得还是守在父母身边踏实，毕竟他们年纪也越来越大了。"听了丝丝的话，豆豆陷入了沉思。丝丝的妈妈，也就是豆豆的舅妈才50岁露头，丝丝就为了照顾妈妈回家了，豆豆的爸爸已经66岁了，妈妈也62岁了，而且爸爸有心脏病，妈妈有高血压，还患过脑梗塞，对于上了年纪的人而言，这都是要命的病呢！想到这里，豆豆认真地说："表姐，我觉得你说得是对的。我不能任性，妈妈当年以40多岁的高龄冒着生命危险生下我，我不能在他们需要的时候远离他们。看来古人说父母在，不远游，是有道理的呀！"丝丝笑了，说："我可没劝你啊！"豆豆也心知肚明地笑了。

在这个事例中，父母和很多长辈都劝说豆豆留下来，但是豆豆却一意孤行，去意已决。对于和自己年纪相差不多的表姐，豆豆不想再听她的劝说，因而一见到表姐就先给她打防疫针。表姐果然没有劝说她，反而是豆豆好奇表姐当年为何要回到家里，放弃在大城市打拼下的工作和事业，表姐这才娓娓道来，诉说了自己的苦衷。正所谓一语惊醒梦中人，听了表姐的话，豆豆马上推己及人，这才意识到已经六十多岁的父母俨然更需要女儿的陪伴和照顾。如果他们身体有恙，自己在遥远的大城市也是不能安心工作的。既然如此，还不如不绕那个圈，就这样留在原点，更好地发展自己的工作和事业，也不耽误陪伴年迈的父母，可谓一举两得。

对于非常抵触他人劝说的豆豆，表姐采取了旁敲侧击的方法，以自己的故事讲起，让豆豆意识到她所面临的情况。这样一来，聪明的豆豆马上反思到自身的做法欠妥，因而心甘情愿地改变主意，重新制定人生规划。不管是在生活中还是在工作中，为了让他人真正心服口服，也为了避免因为针锋相对导致的冲突，我们不妨采取旁敲侧击的方法，帮助他人想明白很多道理，让他们主动地做出改变。

通过讲故事来传达你的观点

生活中的人们，在与人沟通交流中，可能有过这样的经验：有时候，直接表达自己的想法或意见，对方可能会拒绝接受。此时，就需要我们掌握婉转表达的方法。这种表达方法很多，其中就有讲故事和举例子。无论是讲故事，还是举例子，我们都是通过一些事例来传达自己的观点。我们先来看看下面故事中的夏女士是如何让儿子接受自己的教育的：

夏女士的儿子小小今年5岁，很可爱，周围的朋友和家人都对小小呵护有加。

一次，朋友小张带着女儿过来玩，夏女士和小张在厨房做饭，当她们聊得正开心时，突然哇的一声，夏女士听到朋友女儿哭了，赶紧跑到客厅，此时的小女孩正趴在地上，夏女士赶紧问小女孩怎么回事，原来是小小为了一个玩具将小女孩推倒了。夏女士立即意识到，应该对儿子进行礼让教育了。

于是，这天晚上，和往常一样，在儿子入睡前，来到儿子床边，给他讲故事。

“小小，今天我们来讲孔融让梨的故事吧。那么，谁是孔融？孔融是孔子的第二十世孙，他是泰山都尉孔宙的第二个儿子。

在孔融7岁的时候，有一次，正好是他祖父的寿辰，来访的客人很多。宾客来齐后，便开始上菜，这时，端上来一盘酢梨，放在寿台上面，母亲叫孔融把它分了。于是，孔融就开始按照长幼的次序来分，而轮到自己的时候，他给自己挑了一个最小的。父亲很奇怪地问：‘为什么你给其他小孩分的都是大的，却独独给自己留了个小的？’

孔融从容地答道：‘人们都说，树有高低。人有老小，我们晚辈，自然要尊敬长辈，这是做人的道理。’父亲听到这一番话很欣慰。

有一次，父亲的朋友来看望父亲，顺道带了一盒梨子，便叫孔融跟兄弟们分了吃了。孔融又挑了个最小的梨子，其余按照长幼顺序分给兄弟。父亲问，这又是为什么呢？

孔融说：‘我年纪小，应该吃小的梨，大梨该给哥哥们。’父亲听后十分惊喜，又问：‘那弟弟也比你小啊？’孔融说：‘因为弟弟比我小，所以我也应该让着他。’”

听完夏女士讲的故事，儿子小小羞愧地说：“妈妈，我错了，我不该和妹妹抢玩具，我以后也会和孔融一样懂事的。”

这则故事中，很明显，夏女士对儿子的教育起到作用了，这里，她运用的就是讲故事的方法，让儿子明白了做人应该礼让的道理。

事实上，自古以来，那些颇具智慧的大臣在向君王进谏的时候，都会采用这样的表达方式。比如，在“邹忌讽齐王纳谏”中，邹忌并没有直接说出自己的建议，而是通过举例子来表达自己的想法“臣诚知不如徐公美。臣之妻私臣，臣之妾畏臣，臣之客欲有求于臣，皆以美于徐公。今齐地方千里，百二十城，宫妇左右莫不私王，朝廷之臣莫不畏王，四境之内莫不有求于王：由此观之，王之蔽甚矣”。所以，我们在与人沟通的过程中，若是遇到不好说的话或者不好表达的意见时，你也可以巧妙地通过讲故事、举例子的方式来传达给对方，让他明白自己的用意。

当然，运用这一方法，你还应注意的是：

1.选择代表性的故事或例子

在谈话中讲故事或者举例子，都可以起到使谈话内容具体、增强说服力的作用。但是，我们在选择故事或例子的时候，需要注意其代表性。如果你讲了一个很长的故事，但却因为其不具备代表性而使对方不知所云，这样就无法达到沟通的效果。

2.注意故事或例子的适当性

当我们在讲故事或举例子的时候，还需要注意其量的适当性，不能老是在谈话中讲故事、举例子。偶尔在谈话中穿插一个故事或例子，这样让人感觉很新鲜，但经常使用也会使人心生厌烦的。

3.注意表达的隐晦性

当我们在选择讲故事或者举例子的时候，肯定是想避免直接表达带来的弊端。因此，即便是在讲故事，或者举例子，我们也要适当地注意表达的隐晦性，不能直白地在故事中阐明自己的想法，我们所需要表达的想法和意见，完全可以借助于故事或例子去婉转表达，这样才能更好地影响对方的心理。

的确，有时候，如果直接说出自己的意见或想法，对方有可能会拒绝接受，这就需要具有隐晦性而又有代表性的事例来加以表达，一方面可以省去直接表达带来的弊端，另一方面还可以增加一定的说服力，同时，这样的表达方式也更容易让对方接受，继而影响到对方的心理。

玩笑：一种促进沟通的方法

一直以来，在传统观念的影响下，有很多人都羞于谈钱。一旦谈起金钱，他们就会觉得面红耳赤，甚至觉得金钱是肮脏龌龊的，而真正高尚的人一定会视金钱为粪土，根本不把金钱看在眼里。包括很多情侣之间，甚至是夫妻之间，依然在提起钱的时候觉得非常尴尬。难道金钱真的这么不可提及吗？其实不然。人虽然想要追求高层次的精神需求，但是人首先要活着，要满足自己基本的生理需求，才能考虑到更高层次的需求。

现代社会已经不是农耕时代，人们不可能凡事都依靠自给自足，一个人总要和他人打交道，更需要金钱作为流通的货币，为自己换取生活所需。在这种情况下，如果人们还是羞于谈钱，那么就会导致自己寸步难行。这句话毫不夸张，在现代社会，一个人如果没有钱，的确是会寸步难行的。现代的婚姻中，和那些羞于谈钱的夫妻恰恰相反，很多妻子都似乎掉进了钱眼里，张口闭口都是钱，似乎离了钱就没法说话一样。毫无疑问，对于金钱这样的态度也是不对的，毕竟生活中除了钱以外，还有更多的事情值得我们去关注，夫妻之间除了钱之外，还有更值得珍惜的情谊。有些妻子把丈夫管成了“妻管严”，甚至每个月只给够丈夫吃饭的钱，而根本没有给丈夫的人际交往留出基金。这种情况下，丈夫大多数都会给自己准备个小金库，以备不时之需，而一旦被妻子发现，轻则没收，重则会导致一场家庭大战。不得不说，金钱变成了让人既爱又恨的东西，很多人表面上对金钱无所谓，实际上心里斤斤计较、精打细算，恨不得把每一分钱都掰成两半去花呢！其实，对待金钱正确的态度是不卑不亢，既不以谈论金钱为耻辱，又不觉得金钱就能解决一切问题。遗憾的是，现实生活中能够做到这一点的人却少之又少。

很多妻子为了让丈夫主动交出私房钱，甚至还会以开玩笑的方式用“诈”的方法，让丈夫缴械投降，不得不说，这倒也不失为一个有趣而且行之有效的办法。

林木自从结婚后，就变得囊中羞涩，连偶尔和哥们在一起聚一聚，他也根本不敢主动提出要买单。这和林木婚前慷慨大方的形象截然不同，因而哥们全都笑话林木，说林木是个“妻管严”。实际上，林木真的是妻管严，自从结婚之后，妻子就不让他多花钱，而是要攒钱买房。对于妻子的想法，林木也能理解，毕竟妻子是和他裸婚的，未来家庭生活的一切基础都要妻子精打细算。但是，也不能就这样在哥们面前丢了面子啊。思来想去，林木决定积攒一笔私房钱，以备不时之需。

林木每个月都有300元钱的饭补、话补和交通补助。以前，林木总是把这些钱通通花掉，也不愿意从家里带饭，自从想攒私房钱之后，他就经常从家里带饭吃，偶尔还会干点儿私活。渐渐地，妻子觉察到了林木的反常，也想到林木可能想要“谋反”，因而就开始动起脑筋，想让林木主动把“外快”都交上来。一天晚上，正在吃饭的时候，妻子突然笑吟吟地对林木说：“听说最近男人们很流行积攒私房钱，我今天在打扫卫生的时候，也从一个意想不到的地方捡到了一张存折，不知道这是天上掉馅饼呢，还是某人的私房钱啊！”林木一听妻子已经找到了存折，马上缴械投降，说：“老婆，我真的不是故意的，我原本是想攒钱给你买条项链的，既然被你发现了，钱也攒得差不多了，那你就去给自己买条喜欢的项链吧，就当是结婚周年我送你的礼物吧。”妻子听到林木承认了，不由得暗自窃喜，却依然装作平静地说：“好吧。为了尊重你，我把存折还放在原来的地方，没有擅自没收。现在，你去把存折拿来给我吧，你的心意我领了，谢谢你，亲爱的老公。”在看到妻子说最后一句话时嘴角出现的狡黠笑容时，林木突然有种上当受骗的感觉。

为了让林木主动交出私房钱，妻子使用的这个方法其实很好，可谓进可攻，退可守。如果林木说自己没有私房钱，那么妻子也可以说自己是在开玩笑呢。这样，林木根本没有理由生气，只能随着妻子一笑了之，让这件事情宣告结束。现实生活中，夫妻之间虽然应该毫无秘密，但是现实却是，很多夫妻都会有自己的小心思。当然，这并非说这样的心思不好，如果夫妻之间能够斗智斗勇，也倒是给夫妻生活增加了乐趣。

现实生活中，不仅夫妻之间可以使用玩笑的方式“诈”对方秘密，在和其他人相处时，为了卓有成效地达到目的，我们也同样可以使用玩笑的方式，谎称已经发现了对方的秘密，说不定会有意外的惊喜收获哦！当然，既然是玩笑，也要注意适度，千万不可过度过分，更不要伤害对方。唯有在友好的范畴内，我们的玩笑才能起到预期的效果！

暗语传递，令对方更易接受

语言暗示，也就是不明说，而用含蓄的语言使人领会。当我们为了某种目的，在无法直言的条件下，可以通过交往中的语言，用含蓄、间接的方式表达出一定的信息，使对方接受自己的意见或观点。在日常交际中的一些场合，许多话都不便于直说，这时可以利用言语暗示来传递一些信息，暗示所采取的方式可以是含蓄的语言，只要对方能够明白你所表达的意思，那么操控他人心理的目的就达到了。通过大量事实证明，暗示比直言快语更能凸显出表达效果，因为它所表现出来的婉转曲折，总是给人以愉快的心情。

在日常生活中，很多时候我们都无法直接表达自己的想法，这时候就需要用暗示来表达，于是就出现了一语双关、含沙射影、指桑骂槐等旁敲侧击的艺术性语言。既然可以用暗示性的语言来表达自己的厌恶，当然，我们也同样可以用暗示性的语言来表达喜欢。

1.含蓄表达爱情

通过话语暗示来表达爱情，这可以使话语本身具有一定的弹性，不至于对方一拒绝就没有了挽回的余地，而且，这也符合恋爱时的羞怯心理。据说陈毅和张茜是一对情爱甚笃的革命情侣，陈毅为了暗示自己的爱慕之情，苦心经营了一首诗“小箭含胎初出岗，似是欲绽蕊露黄。娇艳高雅世难觅，万紫千红妒幽香”。而张茜从这首诗中也领悟了陈毅的深情，最终两人确定了恋爱关系。

2.委婉表达讥讽之意

在日常交际中，直接辱骂别人，听者当然很容易就能听出来。但如果对方是利用暗示语言来侮辱人，我们就更应该注意了，这时不仅要善于听出别人的恶意，还应该“以其人之道还治其人之身”。比如，安徒生戴了一顶破帽子，过路人取笑“你脑袋上边那个玩意是什么？能算是帽子吗？”安徒生随即回道：“你帽子下面那个玩意是什么？能算是脑袋吗？”

3.暗示拒绝

有的人喜欢用暗示来投石问路，这时你也可以用暗示来拒绝对方。比如，面对老乡的借宿请求，李先生这样暗示拒绝“城里比不了咱们乡下，住房可紧了。就拿我来说吧，这么小的屋子居然住着三代人……你们大老远地来看我，不该留你们在我家好好地住上几天吗？可是没有办法啊！”老乡只好知趣地走了。

4.暗示自己的不满

有时候，面对他人的错误，我们也最好以双关影射之言来暗示他，迫使对方意识到自己的错误。比如，顾客发现汤里有一只苍蝇，巧妙暗示老板：“对不起，请您告诉我，我该怎样对这只苍蝇的侵权行为进行起诉呢？”

第06章 有理有据，让话语说服更有力量

制造权威，增强话语说服力

在我们的现实生活中，我们往往对那些经过权威机构保证的商品更放心，为此，心理学上有个著名的“权威效应”，是指一个人要是地位高，有威信，受人敬重，那他所说的话及所做的事就容易引起别人的重视，并让他们相信其正确性。古人云：“人微言轻、人贵言重。”这句话是有道理的，人们有这一心理，首先是由于人们有“权威心理”，即人们总认为权威人物往往是正确的楷模，服从他们会使自己具备安全感，增加不会出错的“保险系数”；其次是由于人们有“赞许心理”，即人们总认为权威人物的要求往往和社会规范相一致，按照权威人物的要求去做，会得到各方面的赞许和奖励。为此，我们在与人沟通的时候，也可以运用人们的这一心理，通过制造权威来让你说的话更有可靠性，这样，他人接受起来也更容易。

一天，一位小姐来到某商场内衣销售区。

销售员：“小姐，你是想购买内衣吗？进来看看，款式多着呢！”

顾客：“这款挺漂亮的，是什么牌子的？”

销售员：“小姐真有眼光，这是我们昨天刚进的货，是××牌的，它的透气性很好，最近我们这款产品卖的很火。”

顾客：“我没听说过这个牌子。”

销售员：“是的，可能您没听过这个牌子，这是因为我们的宣传力度还不够，真谢谢小姐您的提醒。实际上，我们这牌子已经上市七八年了。全国的大中城市都有我们的专卖店，不过本市只有我们一家。小姐肯定知道奥斯兰黛这个品牌吧，这两年，我们努力地目标就是要成为和奥斯兰黛一样知名的品牌。”

顾客：“真是这样吗？”

销售员：“是的，我们品牌的设计理念就是要让每一位穿戴它的女性感觉轻松、舒服，起到保护身体的作用。毕竟，产品质量如何，也直接关乎到我们的销售量和信誉度，把产品做好是任何一个品牌形成的最根本原因。”

顾客：“这话倒不假。”

销售员：“您手上拿的这只是其中一款，您看看这边的款式，这边还有一些设计新颖的款式……”

案例中，我们不难发现，这位销售员是聪明的，当顾客提出“没听说过这个牌子”时，她并没有直接否认顾客的观点，诸如这样回答：“怎么会没听说过呢，我们可是全国知名品牌。”“这个品牌推出好几年了，在这一行很出名的。”这样的解释只会显得空洞无力，而她的这一说法——“我们这牌子现在正在多家媒体上打广告。”“不瞒您说是个新牌子，刚刚上市。”这样回答无疑是验证了顾客的顾虑。这里，她先给自己的品牌找了个不为顾客知道的理由——“我们的宣传力度不够”，然后她再将品牌的目标和发展趋势告知顾客，最后，她再将产品的主要优势介绍给顾客，进行一系列的分析后，顾客才打消了对这一陌生品牌的疑虑。

不得不说，我们每个人对于一些新事物，都是心存警惕之心的，而如果这一事物已经获得了广泛的认可，尤其是有权威的认证的话，则会认为安全得多。所以，我们在与人沟通的过程中，便可利用这一心理技巧——巧用权威，让对方消除疑虑就容易得多。

具体来说，在与人沟通中，我们可以从以下两个方面来对对方进行权威性的暗示：

1.借助影响力较大的人物或事件

要想使你列举出的数据给对方留下更为深刻的印象，你可以借助那些影响力较大的人物或事件来加以说明，由此增加对方对你所说的语言的信任度和重视程度。以销售为例，例如：

“某某明星从××年开始就一直使用我们公司的产品，到现在为止，她已经和我们公司建立了5年零6个月的良好合作关系。”

“这是某次奥运会的指定产品，仅那次奥运会就使用了68720箱这种产品。”

2.拿出权威机构的证据

权威机构的证实自然更具权威性，其影响力也非同一般。

比如，当客户对产品的质量或其他问题存有疑虑时，销售人员可以利用这种方式来打消客户的疑虑：“本产品经过××协会的严格认证，在经过了连续9个月的调查之后，××协会认为我们公司的产品完全符合国家标准……”

3.借助权威人士的话

这就是为什么很多商家重金聘请权威人士的原因，因为权威人士的言语能给对方购买的信心，权威人士的一句话往往比我们费尽口舌的游说更加有效果。当然，邀请到这样一位以第三方身份出现的权威人士并非易事，而且他们在整个交谈过程中也不会参与太多的谈判话题，但是他们的作用却不能忽视。这些人的身份、地位和声誉等方面的影响会让对方更加有信心，他们的意见能对交易产生积极的推动作用。所以，在一些正式的对话场合，我们可以邀请一些社会上的权威人士，如：某方面的专家，某领域的知名人物等。

当然，我们在沟通过程中，在运用权威进行沟通的时候，一定要保证我们说话内容的真实性，否则对方一旦发现你所陈述的内容不符合事实，就会产生更大的质疑。

触碰对方“软肋”，适时适度

软肋原指胸腔的肋骨，这一部位容易被他人攻击，后来用作形容事物的缺陷、弱点等容易发生问题或遭受破坏的地方，同时，也指一个人的痛处、小辫子、脆弱点，等等。事实上，每个人都有致命的弱点，有可能是贪图金钱，有可能是刚愎自用，也有可能是曾经的痛处。假如我们能够在沟通时用言语适当地触碰对方的这些“软肋”，他就会因为心理防线被瓦解而降服于你。“软肋”是一个很好的利用工具，任何人都不想自己的软肋被击中，一旦最薄弱的地方都被击垮了，那他还有什么不能答应的呢？当然，“软肋”这个地方并不是随便触碰的，需要拿捏好一个“度”，适当地触碰会令其心理发生变化，相反，稍微过分，对方就有可能会逼急而“跳墙”。

利用对方的“软肋”给予适当的压力，这会令对方更容易作出决定，他会在压力之下不得不答应你的请求。如果我们想影响他人的心理，我们必须先了解对方这个人。最关键在于了解其软肋所在，在他们心中有何种欲念，有怎么样的性格特征。然后，我们再根据对方的性格，寻找其弱点，用他们的喜好去引诱他们，这样就我们就可以支配其意志，达到影响其心理的目的。

在人际交往中，我们要善于抓住对方的“弱点”，即软肋。在某些时候，只要抓住了对方的这些弱点，就会使他们不得不听命于你的安排。当然，当我们想办法抓住对方软肋的时候，还要避免对方抓住自己的软肋。

1.用语言巧妙暗示

即使你清楚对方的软肋在哪里，也不要直接说出来，而是要通过语言巧妙暗示，否则有可能会激怒对方，比如“你也知道，如果我把这些照片交给你夫人或者你的上司，后果肯定……”暗示对方你已经抓住了“软肋”，逼其就范。

2.“如果你不怎么样，那么后果将会很严重。”

既然已经抓住了对方的软肋，就要向对方施加一定的压力，这样才会有效地影响对方的心理。换句话说，你应该说清楚如若不答应将产生什么样的后果，比如“如果你不及时采取行动，到时候我可控制不了事态的蔓延”，施加一定的压力，达到操控其心理的目的。

3.孤注一掷，发出最后警告

有时候，对方希望通过威胁来达到自己的目的，但事实上，他并不能真正地割舍那部分利益。面对对方这样的心理，我们应该将计就计，孤注一掷，发出最后警告“那我们实在没有办法，看来只好与下面一家公司签约了，今天我有事先告辞了，希望你尽快给我答复”。如此将计就计，他难道还会不降服吗？

“危言耸听”，让对方臣服

所谓危言耸听，顾名思义，就是故意说些夸大其词、吓唬人的话，让人们听了之后倍感震惊，甚至做出意想不到的事情来。为什么说服的过程中偶尔也要用到危言耸听呢？当然，我们这里所谓的危言耸听，并非是恶意地吓唬他人，让他们心生恐惧，而只是作为一种说服的辅助手段，让说服对象更加深刻地认识到可能面对的后果，从而尽早做出决定。因此，此危言耸听，非彼危言耸听也。

说服总是要借助于一定的辅助手段，否则仅仅凭借三寸不烂之舌，很难让人信服。有些人会以列举事实的方式说服别人，也有些人会以反面的结果震慑他人，这都是正常的说服手段。有些时候，为了让反面的结果更加具有威慑力，人们也会故意夸大其词，以便让听者心里产生更大的震动，从而起到良好的说服效果。因此，如果能够恰到好处地运用“危言耸听”的魔力，说服对象很有可能会乖乖就范。

在电视剧《明月伴我心中》，明月的酒楼账目被对她怀恨在心的丁雨做了手脚，导致明月被拘留。由于在此之前，明月非常信任丁雨，因此她一时之间根本找不到方法来证明自己的清白。为了拯救明月，多年来始终深爱她的许冲积极地想办法。交谈中，明月说：“假如能够找到丁雨进入我办公室，在我电脑中传入假账目的证据，明月楼就有救了。”然而，丁雨多年来一直把明月视为情敌，恨不得把明月置于死地，怎么可能出面帮助明月作证呢！突然，许冲激动地说：“有监控，咱们有监控。”

很快，明月和许冲放出风去，说找到了证明明月清白的视频。丁雨得知消息后，非常慌张。她趁着明月不在的时候，偷偷潜入酒楼的监控室，赶走保安，想要删除证明她犯罪的视频。恰在此时，明月和许冲赶了过来，然而，文件已经被丁雨删除了。明月伤心地问丁雨为什么要这么对她，丁雨知道罪证已经消除，就肆无忌惮地把自己陷害明月和许冲的经过全部都一五一十地说了出来。最后，明月才说：“丁雨，谢谢你帮我们洗脱了罪名。”这时，丁雨才知道根本没有所谓的罪证，这一切只是许冲和明月的危言耸听，目的就在于引蛇出洞，丁雨上当了。

原本，丁雨一心一意要把明月和许冲置于死地，根本不愿意承认自己陷害他们的事实。聪明的许冲，为了明月，也为了自己，更为了他们俩相爱多年争取幸福，想出了引蛇出洞、危言耸听的办法。果然，丁雨上当了，在得意忘形之际，把自己犯罪的事实一五一十地说了出来，被明月提前一天刚刚装好的摄像头全部录了下来。这就是“危言耸听”的神奇力量，它使拒不认罪的丁雨供认了犯罪事实，明月和许冲也有情人终成眷属。

说服，虽然要以尊重和真诚为第一原则，但是当事实需要的时候，也可以采取小小的计谋，在不伤害他人的情况下达到自己的目的。这就是说服的机智！

占据主动，要先下“口”为强

生活中，当遇到为难的事情有求于人的时候，我们总是很忐忑，不知道如何开口。实际上，正是在我们的犹豫不决中，机会悄悄溜走了。也许对方从你纠结的表情中，看出来了你有事相求，那么他很可能先找出一个理由，让你更加不好意思开口。也或者，他会为自己找到其他的借口，向你说明自己当下也很困难。总而言之，要想说服对方接受我们的请求，或者是让对方接纳我们的观点，千万不要迟疑，一定要先下“口”为强。这样一来，对方才没有机会拒绝我们，甚至来不及思考。

如果说兵贵神速，那么说服他人也讲求速度。既然不管到什么时候，你都得张开金口，那么何不尽早开口呢？只要先下“口”为强，你就能占据主动。即使请求的时候被拒绝，也胜过于从未说出口。现代社会有很多奇迹，我们也要相信奇迹。不努力试一试，怎么知道结果呢？

既然如此，动起来吧！

珠珠最近在参加全国经纪人职业资格考试，这个考试含金量很高，通过率却比较低。虽然有培训班帮助辅导，但是珠珠经济紧张，没有那么多钱。因此，当得知曾经的同事艾雪报名参加了培训班时，珠珠不由得怦然心动："要是能找艾雪把培训的大纲要过来，再做一做培训的习题，那可就太好了，考试通过的可能性至少成倍增长。"想到这里，她又很犹豫：如果艾雪拒绝我怎么办呢？毕竟人家花了那么多钱报班，我却一分钱都没花。思来想去，珠珠决定死马当作活马医，说出来碰碰运气吧。

一个周末，珠珠拎着水果来到艾雪的家。看到久未见面的珠珠就站在眼前，艾雪吃了一惊，不过也很高兴。落座没多久，艾雪正准备问问珠珠最近在忙什么，珠珠就抢在艾雪前面说："艾雪，我想请你帮个忙。你能把全国经纪人资格考试的复习大纲给我一份吗？我来复印就好。"珠珠的话显然使艾雪出乎意料，她突然愣住了，说："啊，你说考试大纲啊，你也参加考试了吗？……应该没问题的，我可以给你，你也可以复印。不过，我们有个邮箱，你直接去邮箱看也行。"看得出来，艾雪在那一瞬间也想到了自己昂贵的学费，不过她显然一时之间想不出用什么借口拒绝珠珠，毕竟只是一个考试大纲啊！就这样，珠珠如愿以偿了。

珠珠的话，对于艾雪而言，完全是出其不意，攻其不备，让她一时之间根本想不到拒绝的理由。即使艾雪事后有些懊恼，但是珠珠在通过考试之后多请她吃几顿饭就好了，说不定她们还会因此成为好朋友呢！

珠珠很聪明，她真正做到了先下“口”为强。

读者朋友们，你们是否也经常碍于面子，不好意思开门见山呢？其实，只需坦诚地与对方交流，根本没有必要遮遮掩掩的。归根结底，事情必须说出来，才能知道结果，也必须接受结果。既然如此，就大胆说出来吧，开门见山比犹豫不决更显胆量！

幽默，让说服简单快乐

在有些人的心里，说服就应该是剑拔弩张的唇枪舌战。殊不知，说服也可以是“谈笑间强弩灰飞烟灭”的从容不迫。关键在于，你用何种方式说服别人。如果你采取批判和指责的方式，那么被说服者很多时候就会心生不服，甚至心生抱怨。由此一来，言语间也会爆发争执，最终不但无法达到说服的效果，还会事与愿违，反目成仇。与其让说服付出如此惨重的代价，不如改变说服的方式，让说服变得幽默生动，在不知不觉间就说服他人，且气氛和谐融洽，说服者与被说服者也会成为朋友，何乐而不为呢！

幽默是一种艺术，也是一种难得的能力。中国人也许是因为受到封建文化的禁锢和压抑太久了，普遍缺乏幽默细胞，在西方国家，幽默时常被作为一项必不可少的能力。例如，有些公司在招聘员工时，除了对员工的学历等提出要求之外，也会要求应聘者必须懂幽默，会幽默，甚至很多年轻女性在寻找人生伴侣时，也会要求对方具有幽默的品质。在说服的过程中，如果能够运用幽默的语言艺术，就会使说服变得更加简单，也更加快乐。

很久以前，有位国王去森林里打猎。他们发现了一头麋鹿，就不停地追赶，最终追到森林深处，迷路了。他们吃光了所带的食物，也没有了水喝，人困马乏，只好漫无目的地在森林里继续走着。就在夜幕降临之际，他们发现从林里传来微弱的光。他们奔着灯光走去，原来，这是猎人的家。

国王又饥又饿，向猎人要了两个鸡蛋吃。等到吃完，猎人向国王索要20英镑。国王惊讶极了，质问道："你的鸡蛋是金蛋吗？居然要20英镑。鸡蛋又不是罕见珍稀的食物，值这么多钱吗？"猎人笑着说："尊敬的国王陛下，虽然我的鸡蛋不是罕见珍稀的食物，但是国王却难得来一趟啊！也许，你这次回到王宫，再也不会迷路，再也不会误打误撞来到我这里。因此，我必须抓住这个千载难逢的好机会。"听完猎人的话，国王哈哈大笑起来，说："你可真幽默！好吧，我答应给你20英镑！"

两个鸡蛋怎么可能值20英镑呢？国王当然知道事实，也知道猎人故意抬高了价格。不过，猎人说的话却让国王在哈哈大笑之余，不愿意反驳。猎人说的没错，虽然鸡蛋是寻常食物，但是国王却很少见，这就是机智的幽默，显而易见，国王被猎人说服了，所以答应付给猎人20英镑。

日常生活中，我们有很多时候都需要说服他人。如果强制要求别人信服我们，当然是不可行的。只有运用说服的办法，让他人发自内心地信服，才能达到目的。当然，如果你本身就是一个幽默的人，那么在说服中加入幽默的技巧，就会使彼此之间的交谈更加和谐愉快，也使说服的过程更加事半功倍。

第07章

因势利导，提高办事整体效率

柔声细语更容易打动人

有人说女人是水做的，所以女人说话都是轻言细语，这本身就是女人的特质。女人的心都会特别的柔软，她们的心思极敏感又显得很脆弱，很容易感动又很容易生气。于是，在她们碰到，一些可以触摸到内心最柔软部分的事情时，看着那楚楚可怜的样子，任谁都心疼。每个人的内心都有最柔软的地方，那里遍地盛开的都是同情心。实际上，人心都是肉长的，女人们在求人办事的重要时刻，不妨适时地说几句柔软的话，甚至可以可怜兮兮地掉下几滴眼泪，这样就可以换来对方的同情心，使彼此之间在情感上靠近，并产生共鸣，这就为事情的成功奠定了基础。这种“柔情攻略”的求人办事之术尤其适用于女性，因为不管女性的内心多么强韧，她所展现在人前的形象永远是一副娇弱的样子，再加上说话时的柔软的声调，再是铁石心肠的人也会心软。

班级要到一家商店参加社会实践活动。第一次派了一个同学去联系，那个同学说话很不礼貌，开口闭口就谈市里有精神，你们应该接待我们，结果遭到了商店的拒绝；第二次班里又派了一个同学去联系，第二次去的是个女同学，在经理办公室外面等经理办完了事，才轻轻敲门，得到允许后进到屋里，拿出介绍信，恳求说：“叔叔，我们有件事想麻烦您和商店里的叔叔阿姨……请您大力支持……谢谢您啦。”这一番话说得经理心里暖乎乎的，他当然不会再拒绝了。

在求人办事的过程中，利用话语来博得对方真切同情的说话技巧会给对方一种慰藉，一种体贴。像这种通过言语示弱来博得同情，其目的在于使整个话题重心不偏不倚，使对方获得一种心理上的满足，从而达到影响他人心理的目的，而自己的问题也可以圆满解决。

一位顾客因挑选商品时间过长，女售货员就去招待其他客户了，对方怒气冲冲地指责道“你这是什么服务态度，你没看见我先来，他们后来吗？为什么扔下我不管了。”女售货员耐心地把话听完，慢条斯理地说道“请原谅，我们店生意忙，对您服务不周到，让您久等了，我服务态度不好，欢迎您多提宝贵意见。”温温和和的一句话，把那位顾客也说得不好意思了“我说话不好听，请您原谅。”

人们总是不由自主地同情弱者，不愿意对其袖手旁观置之于不顾，从而比较容易答应弱者的请求。当对方不愿意帮忙或者正犹豫不决的时候，我们不妨开口就“装可怜”，激起对方的保护欲，一旦对方觉得你的说法真实可信，他很有可能就会作出让步，答应你的请求。求人办事，要放得下面子，做个可怜人，以情乞悯，以达到自己的目的。

心理点拨

1.煽情需有度

虽然，“柔情攻略”这样的说话方式显得有点“煽情”，但是它却不失为是一种很好的说服对方给予我们帮助的方法。当然，如果你总是说一些有利于自己的话时，对方通常都会怀疑你所说的话，这时候不妨借他人之口，说自己之事，让别人来替你说话，以此来激发对方的同情心。

2.温柔更有力量

充满感情的话语是能够打动人心的，假如一个娇弱的女人能够有感情地提出自己的诉求，甚至把自己当下的难堪情境说上一说，对方多少都会因为同情而给予你帮助的。在求人办事的过程中，我们需要以一个弱者的姿态来赢得对方的同情，当然，这里所说的示弱并不是真的示弱，只不过是以话语来博得对方的同情，以达到自己的目的。

“得寸进尺”，让自己得到最大满足

生活中很多时候，得寸进尺都是带有些许贬义的词语，似乎总是与贪得无厌、索求无度相联系。实际上，如果能够在求人办事时很好地利用得寸进尺的策略，不但能够顺利得到他人的帮助，甚至还能让你一步一步地得到最大的满足。这是因为从人们心理上来说，都只能够接受小小的付出，而排斥一下子付出太多。以“得寸进尺”的方式逐步提出要求，恰恰满足了被求助者的这种心态，让被求助者更加容易满足求助者提出的小要求，再渐渐满足求助者提出的大要求。

所谓饭要一口一口地吃，求人办事时千万不要因为急于一步到位，就狮子大开口，一下子把自己最大的请求说出来。这样非但不能帮助你如愿以偿，反而会导致事与愿违，甚至把被求助者吓得将你拒之门外，如此一来，就连些许的机会都没有了。聪明的求助者，总是先以小要求给被求助者进行心理铺垫，等到被求助者渐渐接受他所提出的小要求时，再逐渐增加要求的分量。举个最简单的例子，假如你让一个人一步之内就跨上十级台阶，他无论如何也不能实现，除非是姚明的大长腿才有可能。但是如果你先要求对方迈上一个台阶，然后再要求他迈上一个台阶，如此循序渐进，再让他一步迈上两个台阶，甚至努力一下迈上三个台阶，则难度就会相应降低，也显得更容易接受，也更符合情理。

作为一名新入职的推销员，徐辉每次去拜访客户时，都会被毫不留情地拒绝。这使他在三个月的试用期即将结束时，工作上依然没有任何起色。那天下午，徐辉知道如果自己的推销工作依然毫无起色，就会被公司辞退，不由得心情沉重。他像往常一样来到一家位于写字楼里的公司，在把随身带着的彩色打印机展示给负责人看之前，他因为心情沮丧，向负责人讨要了一杯水喝。看着徐辉筋疲力竭的样子，负责人同情地说："哎，你们也不容易，拎着这么重的打印机挨家挨户地跑，也很累。"

喝完水之后，徐辉再次像往常一样开始向负责人推销，出乎他的预料，负责人非但没有拒绝，还听得很认真。直到听完杨辉耐心地讲述，负责人才说："正好我们公司的彩色打印机也的确有些年头了，色彩不够艳丽。不过这个月已经月末了，支出紧张，等到月初的时候你直接给我送一台新的打印机，如何？"徐辉做梦也没有想到自己的请求居然就这样得到了对方慷慨的帮助。他非常兴奋，对着负责人千恩万谢，说：

“这样吧，我先把这台样机留给你们试用，等到月初再给你们送一台新机子来，这样也不耽误你们使用。”看到徐辉想得如此细致周到，负责人后来居然成为了他的老主顾，只要是徐辉有的办公用品，他都会选择从徐辉处订购。

在这个事例中，徐辉也许不知道自己为何能够突然取得成功，其实是有原因的。以前，徐辉每次到达需要推销的公司，就会直截了当地拿出打印机，准备展示给客户看，但是如果客户恰巧没有时间，或者心情不耐烦，又暂时没有强烈的购买需求，马上就会严词拒绝徐辉，根本不给徐辉任何机会。这次则不同，徐辉先是张口向客户讨要了一杯水喝，正是这杯水打开了客户的心扉。要知道，谁会拒绝给人一杯水的请求呢？但是一旦接受了这个请求，也就意味着你与这个求助者有了一定的交情，等到徐辉开始正式推销和介绍打印机的情况时，客户自然也就不好意思再声色俱厉地拒绝。这是第一步，徐辉为自己争取到了一个展示的机会，也使得客户能够耐心地听他介绍。其实很多需求都不是很强烈，就像打印机，如果不是很新，使用起来一定没有新款方便，因而即使没坏的情况下，打印机也是可换可不换的。所以，徐辉耐心地介绍激起了对方的购买欲，从而促使交易最终达成。

虽然这只是一个简单的事例，但是客户的心理历程恰恰印证了我们对其的理解和推论。在求人办事的过程中，假如我们能够灵活巧妙地使用“得寸进尺”法，先是提出一些小小的很容易满足的要求，然后再继续提出更大一些的要求，最后才提出最大的要求，如此循序渐进，一定更有可能得到他人的帮助。人与人之间的任何交往，都离不开心理的支撑，我们唯有更加深入地把握心理的规律，才能顺利地打开他人的心扉，最终如愿以偿，事半功倍。

展现自己的“价值”

在生活中，有的人在求人办事时会抱着“有事有人，无事无人”的态度，他们把他人的帮助看做是理所当然的行为，当自己的诉求得到了回应，把自己的事情办好之后就不再理睬对方了。有着这样心态的人大多数都会被抛弃，当他再次需要帮助的时候，相信是没有人会给予帮助的。其实，在日常交际中，人与人之间是建立在互惠互利的基础之上的，没有互惠互利，就没有互信互助。鉴于人们这样的心理，当他在面对你的诉求的时候，其实很想知道你是否有一定的“利用价值”，换句话说，他的效劳会不会换来一点回报。于是，在求人办事的过程中，如果你的言语中透露出了自己的“利用价值”，大多数情况下，对方都会乐意帮助你的。所以，作为提出诉求的我们应该尽量展现自己的“利用价值”，以此获得他人的帮助。

俗话说：“无利不起早。”没有一个人愿意去做那些没有好处的“无用功”，只要你了解了对方这样的心理，继而主动满足其欲望，他就会乐意为你效劳。“以利诱之”，对方会觉得这次不会白忙活，因此，他们在办事的时候，就会主动地为你解决问题。

所谓的“利用价值”，一方面是作为求人者，你是否有可利用的价值，简单地说，互惠互利的基础是否存在，如果你是一个毫无能力的人，对方凭什么帮你呢？另一方面则是，你是否可以承诺给对方一些利益方面的东西，也就是我们常说的“利诱”。

1.以利诱之

在求人办事的过程中，我们要善于通过言语进行“利诱”，表明自己的回报之心，毕竟利益比空口说教更有效果。也许，在你提出诉求的时候，对方会有所犹豫，在这关键时刻，你只要指出自己的诉求和他合作有利的地方，这样他自然会乐意为你效劳。

2.建立互惠互利的基础

在请求对方帮助之前，你应该清楚对方为什么会帮助你？你凭什么能让他来帮助你？毕竟有一部分的人是为了利益而生存的，那么你就可以利用这样一种方法：直接告诉对方在帮助你之后可以获得什么样的利益，利诱对方帮助自己渡过难关。

其实，人与人之间的关系就是互惠互利，当对方意识到自己在付出之后还能有所获得的时候，他一定会毫不犹豫地答应你的诉求。所以，在求人帮忙的时候，拥有好口才的女人要懂得“利诱”，适时表明自己的“酬谢”，满足对方心理。

借用时机，倾吐隐忧

我们都知道，求人办事能否成功，往往和对方的心情有关。如果对方高兴，很可能二话不说就答应你；但如果对方心情不悦，那么，求人办事的过程也会变得艰辛很多。因此，那些善于掌握他人心理的人，往往都会选择对方心情愉悦的时候提出自己的请求。因为从心理学的角度看，人们在心情愉悦的时候，对于他人的请求的排斥度会大大减小。可能这就是为什么那些销售人员会选择客户公司庆典、结婚纪念日、升职加薪日上门推销的原因了。当然，有时候，我们可以为客户“制造”一个心情愉悦的时刻。

有位先生和朋友去拜访一位教授，希望这个教授能为自己的学业指点迷津，那个教授为人严肃，平时不苟言笑。坐了半天，除了开头说了几句应酬话，剩下的只是让人尴尬的沉默。

忽然，那位先生看到教授家养的热带鱼，其中几条色彩斑斓，游起来让人眼花缭乱。那位先生知道这鱼叫“地图”，自己也养了几条，还很得意地为朋友介绍过。教授见那位先生神情专注，就笑着问：“还可以吧？才买的，见过吗？”只听那位先生说：“还真没见过。叫什么名字？明儿我也打算养几条呢！”当时他的朋友不解地看着他，心想装什么糊涂，不是上星期才到你家看过吗？

可教授一听，来了兴致，神采飞扬，大谈了一通养鱼经，那位先生听得频频点头。那位教授像是遇到了知音，说说笑笑，如数家珍地给他讲每条鱼的来历、名称、特征，又拉着他到书房看他收集的各类名贵热带鱼的照片，气氛顿时活跃起来。他们一直聊到吃过晚饭才走，教授也答应下次让这位先生带上不懂的书籍登门拜访，朋友才突然领悟到那位先生说谎话的用意。

一句谎话使教授前后判若两人，本来几乎陷入僵局的交谈又顺利地进行下去了，这都归功于一句谎话。相反，若据实相告，那很可能就会继续“尴尬”下去的。

可见，求人办事的过程中，对方的心情在事情成败过程中起到很重要的作用。如果你不顾对方的心情与感受，打一个招呼就开始讲自己的来意，迫不及待地反复强调自己的想法是如何如何，以及帮助自己有什么好处，这样往往会事与愿违。因此有经验的求人者并不是一开始就切入正题的，而是会先勘察现场气氛。

那么，具体来说，我们该如何说话，才能制造出一个有利于我们开口的时机呢？

1.多提及对方喜欢的事

那些求人办事的成功者，往往都有一个经验，那就是多提及对方关心、喜欢或者自豪的事情，因为渴望被人重视是每一个人的心理。为此，我们有必要多花心思研究对方，对他的喜好、品味有所了解，这样才能顺水推舟。

可能你们都迷恋球鞋；提及对方的工作，或许他的工作需要你的支援；提及时事问题，可能关于教育与政治的问题你们观点一致；提及孩子等家庭之事，大家都有着一本难念的经；提及体育运动，也许你们都喜欢棒球；提及对方的故乡及所就读的学校，极有可能你们是同校同乡……

2.交流以对方为中心

在求人的过程中，要明白主角永远是对方，而你必须自始至终完全扮演配角才可以。如果本末倒置，在商谈过程中以自己为中心，只是洋洋自得地反复谈论自己的事情、自己的爱好，只管发表自己的看法，而不从对方的角度来考虑，这样难免会引起对方的不快，很有可能断送这笔交易。所以，求人者应尽可能寻找彼此间共同关心的问题。

3.适时提出自己的请求

当然，这一切必须得水到渠成，不可过于急切，如果对方还是对你心存疑虑，那么，就不可操之过急，而应该继续与对方进行一些相互了解的谈话。如果彼此之间已经相谈甚欢，你便可以提出自己的请求，但还是必须注意要用商谈的口吻，注意自己的措辞。

求人办事的过程就是交流沟通的过程，要设法在言谈中让对方不自觉答应你的要求。不论你引入什么话题，从一开始打招呼到正式商谈，每一个过程都应注意说话要巧妙、得体。只有恰逢时机地提及你的问题，才能提高求人办事的成功率。

互惠互利促进更长久的合作

我们都知道，人是三分理智、七分感性的动物，友善会孕育友善，付出会孕育付出，所以生活中你怎样对待别人，别人就会怎样对待你，这就是心理学上人们常说的互惠原则。根据这一原则，我们在求人办事时若不忘表示愿意给对方以某种回报，或将牢记对方所提供的好处，即使不能马上回报对方，也一定会在对方用得着自己的时候鼎力相助。配以“互利”的承诺，让对方觉得他的付出值得，同时也会对求助者多一分好感。

某年，由于市场竞争激烈，木材市场十分不景气，木材的价格又大幅下跌，很多大型林场都遇到了危机。面对这样的情况，某林场场长决心带领大家从夹缝中冲出去。为此，他亲自到欧美一些国家做市场调查，搜集信息，寻找合伙对象，开辟新市场。

在国外，场长找到了一家著名的家具生产集团。场长开门见山说明来意，希望那家公司能够把他们的林场作为原料采购基地。对方公司总经理说：“现在我们的原料供应系统很稳定，你有什么优势让我们把别的公司辞掉，而选用你们的木材呢？”

场长对此不卑不亢地列举了该林场三大优势：第一，我们林场的木材质量有保证，有很高的信誉；第二，我们可以长期合作，保证长期供货，长期供应价格上给予一定的优惠；第三，我们林场有自备码头，保证货运及时，并有良好的售后服务，更重要的一点是保证信守合同。场长在大谈林场的三大优势后，还不紧不慢地对外方总经理说，林场刚刚与国际上另一家知名公司签订了供货合同。那位经理一听说连那样的大公司都与中方的这家林场签订了合同，看来林场实力不弱啊！他立即同意就供货问题正式洽谈。签订合同之前对木材进行现场检测，经检测，木林质地良好，是家具原材料的上上之选，经过一番讨论，双方终于正式签订了合同，该林场在国际市场上也站稳了脚跟。

这里，林场老板是怎么让这家公司答应与之合作的呢？很简单，他在自身力量较弱，处于劣势的情况下，往自己脸上贴金，玩个把戏把身价抬高，继而让对方看到与之合作会有利可图。

的确，一般人求人，态度一定会低三下四，让对方怜悯，好像只有这样才更容易获得救助。但是这种人对方可能见得比较多，也就会见怪不怪了。同时，一些人在看不到帮助你之后会得到利益的情况下，是不会对你伸出援助之手的。如果你一反常规，多谈及对方在帮助你之后会获得的利益，那么，综合权衡之下，让对方答应请求的概率会大大增加。

那么，具体来说，我们该怎样运用互惠原则来求人办事呢？

1.为自己贴金，让对方看到你的潜力

正如上例中，那位场长没有刻意地恭维对方而是底气十足地向对方提出要求，紧接着在不经意中道出自己与另一家公司已经签订了合同，无形中抬高了林场木材的身价，令对方对他刮目相看，如此一来事情自然好办多了。

很多场合，双方情况都是虚虚实实，谁也无法完全摸清对方的底细。在这种大环境下，如果你势力弱而又想借助对方的力量的话，那么你就应该多往自己脸上贴金，抬高身价，至少给对方一个你实力强大的假象，让对方看到你潜在的实力，进而愿意助你一臂之力。

2.承诺给予对方一定的利益

其实，人们在遇到他人求助于自己的时候，总是会寻找心理平衡，帮助他是不是值得？我能得到什么好处？他会不会记得我帮助过他？在这些疑问存在的情况下，人们是不愿意下帮助你的决定的。此时，如果你对其许下承诺，保证会给其一定的利益报酬，那么，就等于给对方吃了一粒定心丸，帮助你的可能性也就提高了。

“互惠原则”是指受人恩惠就要回报。主要表现为生活中人们经常会以相同的方式，回报他人为自己所付出的一切，即行为孕育同样的行为，友善孕育同样的友善，付出也会孕育同样的付出。你怎样对待别人，别人就会怎样对待你。因为，当人们给予他人好处后，他人心中会有负债感，并且希望能够通过同一方式或者其他方式偿还这份人情。

第08章 拿捏分寸，让拒绝更容易被接受

聪明人懂得委婉拒绝

生活中，没有人会不犯错误，只有意识到这一点，我们才会宽容地对待自己的错误和他人的错误，也能够给予他人更多的理解和体谅。虽然人人都知道这个世界上没有绝对完美的人，每个人都是在犯错误中成长起来的，但是依然有很多人一旦看到他人犯错误，就会声色俱厉地批评他人，甚至把他人批评得羞愧不已，无地自容。如果这个时候你能设身处地思考，设想一下如果犯错误的人是你，那么你也许就不会再这样得理不饶人了。归根结底，没有人愿意被批评，更何况是毫无分寸、冷酷无情的批评呢！

很多父母在教育孩子的过程中，一旦看到孩子犯了错误，就会非常严厉地批评他们。如今的教育界经过研究已经证实，在成长过程中总是被压制的孩子，长大之后心理上大部分都会发生扭曲，因此，如今的很多父母都很重视表扬孩子，赞美孩子。不过需要注意的是，即使表扬和赞美也不能直接抵消批评和否定的负面作用与影响，只有改正错误，完善和提升教育方法，才能对孩子的成长起到好的作用。即使很小的孩子，也会因为遭到否定而沮丧失落，更何况是成人呢？和孩子相比，成人的心智发育得更加成熟，而且也更爱惜自己的面子。因此，在与他人交往的过程中，或者是在生活和工作中需要与他人打交道时，聪明人从来不会随意否定他人，更不会当众批评他人，否则就会因为人们的叛逆心理和爱面子的心理，导致事与愿违，非但无法起到批评的效果，反而会因为对方的叛逆甚至是怨恨，导致得不偿失。

作为建筑公司的监理，小张每天的工作都是在工地上挑错。或者泥灰的配比不对，或者阴阳角不达标，或者保温板的厚度不够，或者工人的安全帽戴得不正确……总而言之，每当看到小张来工作，包工方总是心惊胆战的，生怕哪个地方干不好，就要返工重新干。

在经过一个多月的磨合和不断地挑错之后，小张觉得包工方的建筑标准越来越接近官方的要求了，因而也就不再整日板着一张脸，让谁看到他都觉得害怕。然而，这天早晨当他来到工地时，却突然发现所有工人的保温板阴阳角的位置都贴得不对，很容易开裂。他很清楚这是一个浩大的返工工程，因而他决定不再采取严厉批评的方式，而是要变换方式，让包工方更容易接受。小张找到包工方的负责人，说："李老板，最近你们的工程质量大大提升，这都是你管理有方啊！"李老板赶紧说："哪里，哪里，这都是因为你认真负责，每天都来工地上监督工人们干活，有了错误就指出来的功劳。"小张继续说："今天我发现了有个地方有点小小的问题，其实告不告诉你都可以，但是我怕给你以后惹麻烦。你也知道，你们在工程结束后是拿不到所有工程款的，有相当一部分工程款必须验收之后才能顺利结算。我发现你们的工人在贴保温板的时候，阴阳角的位置都没有错缝，这样等到验收的时候，表面的涂料很容易开裂，最终还是会追查到你们的原因。我是建议你们把阴阳角的位置重做一下，这样你们到时候结算也会更顺利一些，你觉得呢？”听到小张如此委婉的表达，李老板当然无话可说，当即表示：“没问题，我马上安排工人专门纠正这个问题，您放心吧！”

就这样，原本会遭到承包方抵触的一个大问题，被小张以提建议的方式圆满解决了。小张的表达非常委婉，听起来不像是批评，更不是否定，而是为了李老板着想，避免李老板因为这个错误被克扣工程款。因而，李老板非但没有心生抵触，反而因此非常感谢小张的认真细致！

所谓人活一张脸，树活一张皮。任何情况下，我们都要爱惜和顾全他人的面子，否则就会使人际关系恶化。同样的话，如果改变一种说法，也许就会产生更让人满意的效果，既然如此，我们为何不努力地尝试不再否定和批评他人，而是改成委婉的方式，让他人主动改变错误，变成你所期望的样子呢！生活中的聪明人，总是愿意更少地批评和否定他人，而以激励和建议的方式，让他人心甘情愿地改变。只有愚蠢的人，才会动不动就声嘶力竭、冷酷无情地批评他人，不但伤了他人的自尊和面子，也给自己无形中树立了敌人。

恰当拒绝，顾全别人脸面

在生活和工作中，我们难免需要他人的帮助，也常常被他人求助。不过，我们的每次求助未必都能够得到满足，因为帮助他人原本就是情分，而不是本分。所以不管你是被别人拒绝了，还是准备拒绝他人的求助，都无需有太大的心理压力，这原本就是人之常情，必须坦然接受。

在被拒绝的时候，你是感到沮丧甚至失望、绝望，还是觉得这一切都能承受呢？被拒绝过的人一定知道，这在很大程度上取决于他人拒绝时所说的话，以及表达的方式。推己及人，不管你在被拒绝时得到了善待，还是受到了伤害，你都应该力所能及地帮助他人，如果实在能力不够，也要以恰当的方式拒绝他人，这样才能避免伤害他人自尊，也使你的拒绝不显得那么冷酷无情，更重要的是还能顾全他人的面子，维护与他人之间的良好关系。很多人因为拒绝方式不恰当，从而导致失去朋友，其实是得不偿失的。所谓多条朋友多条路，你怎么就能确定自己哪一天不会需要这个朋友的帮助呢？所谓赠人玫瑰，手有余香。我们就算将玫瑰送给他人，也应该在他人心里留下美好的回忆和温暖的感受。

作为意大利著名的音乐家，罗西尼为人低调谦和，很少张扬。他出生于1792年2月29日，这也就意味着他每四年才能过一次生日。因此，在他72岁那年，才过了18个生日。很多朋友都想为罗西尼过一个盛大的生日，因而他们募集了两万法郎，一致决定要为罗西尼建造一座雕塑，以弘扬他在音乐上的伟大造诣。得知此事后，罗西尼当然反对，因为他觉得让自己的雕像站在大庭广众之下毫无意义，而且建造雕像也是极大的铺张浪费。但是面对朋友们的好意，罗西尼以开玩笑的口吻说：“上帝啊，我们不能这么浪费。你们的好意我心领了，如果你们坚持这么做的话，我认为还是由我自己亲自站在那里比较经济实惠一些。”罗西尼的话把朋友们逗得哈哈大笑，在笑声中，他们也意识到罗西尼对此事并不赞成，因而都打消了这个念头。

在这个事例中，朋友们完全是出于好心，所以才募集了两万法郎送给罗西尼这份独特的生日礼物。但是，罗西尼一向低调谦和，因而并不赞同这么做。在这种情况下，如果直接指责朋友们的做法欠妥当，很有可能使朋友感觉到好心没好报，因而感到伤心。罗西尼以开玩笑的口吻委婉地说建造雕像不如他自己亲自站着，让朋友们感受到他的态度，主动打消了念头，无疑是最好的拒绝方式。

朋友们，你们会以恰到好处的方式拒绝他人的好意吗？如果因为拒绝，反而得罪了对你好的人，这无疑是非常使人遗憾的。即使对于他人的求助，我们也应该以最佳方式拒绝，这样才能给予对方更多的尊严，也使对方不至于对你心生嫌隙。当然，除了调整好态度之外，我们也还可以找出合情合理的理由，告诉对方你实在是心有余而力不足，相信这样对方即使遭到拒绝，也一定不会埋怨你，甚至依然会对你心存感激呢！

“抬高”他人，弥补落差

相信每个人都明白，没有人是希望被拒绝的，通常情况下，一个人被拒绝之后，心里会产生落差，他会觉得自己的言语或行为遭受了否定，甚至会有一种被遗弃的感觉。在这时，他急需要一种愉悦的情绪进行弥补，填补内心的落差，如果你在拒绝对方之时，再加上几句对其赞美的话语，那将是非常完美的。

早上，熬了一个通宵的陈女士还没起床，就被一阵敲门声吵醒了。她很不耐烦地起来，胡乱穿了一件睡衣就开了门，只见门外站着一个十七八岁的女孩子，正犹豫着要不要继续敲门呢。陈女士上下打量了对方一番，发现这个女孩子穿着随意的T恤牛仔裤，手提一个袋子，袋子封面上有“某某化妆品”的字样，一看这架势，应该就是上门推销的。

陈女士有些不耐烦：“大清早的，怎么就上门推销东西了？”那女孩子态度很谦和：“不好意思，姐姐，打扰你了，我是某某公司……”

“姐姐？”陈女士看着邋遢的自己，好像还把自己看年轻了，那女孩子谦逊的态度，让陈女士不好拒绝，但是她平时是最讨厌这种上门推销的业务员，她一边听那女孩子说产品，一边开始考虑到底该怎么拒绝。

不一会儿，那女孩子就介绍完了产品，然后试探性问：“姐姐，你平时用化妆品吗？”果然，马上就转到正题了，陈女士摇摇头说：“我白天晚上这样忙，哪里有时间去护肤呢？不过，说实在的，我可是很羡慕像你这样年纪的女孩子，皮肤好，身材好，那可是我做梦都想回去的年纪，可惜已经回不去了。”女孩子害羞的红了脸，说道：“其实，姐姐看起来也很年轻的。”陈女士笑了笑，说道：“像你这样的女孩子就是好，我的女儿也就你这般年纪，现在正在上大学，青春真是无限好，如果我女儿在家就好了，估计她会对你的化妆品感兴趣，可是怎么办呢，现在我的女儿不在家，像我这样的老太婆，已经用不着了，下次我女儿回来了，一定欢迎你上门推销，好吗？”没想到这样一说，那女孩子一点也不泄气，反而很有礼貌地说：“不好意思，姐姐，打扰你了，再见！”说完，就告辞了。

在案例中，陈女士想拒绝上门推销化妆品的女孩子，但看着对方谦和的态度，又不忍心直接拒绝，怎么样拒绝才不至于让对方那么不难以接受呢？她打量了那个女孩子以后，发现对方跟自己女儿年纪差不多，于是，她先是赞赏了对方值得羡慕的年纪，这样的“抬高”立即给对方带来好心情，然后再适时拒绝，这样的方式也令对方很容易就接受了。

“抬高”，其实就是赞美，或者说夸赞，将别人的地位无形之中抬高，让他有一种优越的感觉，而正是“抬高”所导致对方产生的优越感觉，会有效地弥补其遭受拒绝之后的落差心理。人总是这样，当他重新拾回了一个苹果，即便他已经丢失了一个橘子，但他的内心却还是非常愉悦，他们总是着眼于自己眼前的东西，对于那些丢失的或者得不到的，他们总是容易接受的。

在生活中，相信我们都知道拒绝是应该的行为，但同时可能你也会害怕拒绝别人，也害怕被人拒绝，无论是处于哪一方，都将会遭受消极情绪的折磨。在这样的情况下，为什么不能将拒绝变换一种方式呢？就好像本来一个平常无奇的三明治，突然中间多了许多美味的蔬菜，那该是多么大的惊喜。所以，在拒绝对方的时候，我们要善于用抬高的方式来拒绝别人。

当然，使用这一心理策略拒绝他人，还需要我们掌握一些操作细节：

1.抬高对方的“好意”

比如，对方发出游玩的邀请，或赠送礼物等，而你出于某种原因需要谢绝时，要称赞和感谢对方的热情友好，表示非常高兴接受这份心意。如“你对我非常关心，你这番心意我领了！”“谢谢你的好意！”这样一来，对方即使被回绝，仍会觉得你是个通情达理的人，因为你理解了他的美好用意，这时，你对他拒绝的语气应该是毫无疑问而不容商量的。

2.抬高对方的“能力”

例如，当上级为对方布置了一项工作任务，而对方却请求你为他完成时，你就可以这样拒绝：“我对 × × 这一块很不熟悉，也没做过类似的工作，王总正是因为了解你能胜任它，才把这个任务交给你的！”

3.抬高对方的“品质”

比如，如果你要拒绝异性的求爱，你可以说：“在认识你以前，我就知道你是个很好的人，而且，你在学校的时候，就一直是很多女生心中的偶像；在工作单位中，你也是……但是对不起，让您失望了！”这些话绝不是可有可无的。没有它，将使你显得高傲和不近人情，因此，为不能满足对方的愿望而致歉是非常必要的。

不得不说，拒绝他人，如果很快地切入正题，对方很可能会产生不自主的抵触情绪，即使他表面上接受，却未必表明你已经达到了目的。所以，先让他放松下来，然后再开始你的“慷慨陈辞”，这样往往能达到比较好的效果。每个人都需要真诚的赞美，赞美是鼓励，赞美如阳光，在拒绝他人前，若能先抬高别人，对方接受起来也会容易得多。

让对方理解你的苦衷

拒绝，就是不接受，是对别人意愿或行为的一种间接的否定。任何人都有害怕被拒绝的心理。生活中的我们，常常要面对他人的请求，如果是力所能及或者说应该帮的事情，那还好办，如果完不成，不仅自己的事情会一团糟，恐怕来请求帮助的人也会颇有微词。你是否曾经为以下事情伤脑筋：一个你曾经认识的人，他品行不良，但非要向你借钱，你深知如果钱借给他，就等于肉包子打狗——有去无回；或者一个熟识的生意人向你兜售物品，明知买下会吃亏；或者你的患难朋友，曾在你最困难的时候帮过你，现在有求于你，而你却心有余而力不足，但他不相信，认为是你忘恩负义，故意不帮助他……遇到这些问题，你该怎么办？要记住，你不是神仙，不能呼风唤雨，有求必应，该拒绝的就必须要拒绝。如果不好意思当场拒绝，轻易承诺了自己不能、不愿或不必履行的职责，事办不成，以后你会更加难堪。

当然，拒绝绝非简单地说“不行”，而是要阐明不行的理由，让对方知道你的难处，从而理解你。这样你才不会因为拒绝对方而得罪对方，也不至于影响你们之间的交情。

小张是公司的一名小领导，员工的工作他必须参与，上级领导的工作他也不能推卸，因此，他常常忙得焦头烂额。最近，他负责了一项权责以外的工作，弄得头昏脑胀。因为是第一次接触这样的工作，不明白的地方很多，所以常在思考上花费很多时间，导致工作进度很慢，偏偏在这个时候，上司又要求他去参加拓展业务的研讨会。

小张不自觉地就用比较强烈的语气拒绝说："不行啊，我现在根本就没时间参加什么研讨会。"

上司听后，似乎心头燃起了一把火，很不满地说："好吧，那从此以后就不再麻烦你了！"

显然，小张在言辞上有不妥之处。遇到这样的情况，首先要先将上司的要求当做指示、命令，一旦命令下来，就没有拒绝的余地。在这种情况下，如果不留余地地拒绝，上司肯定会发火，而且也让上司的面子很挂不住。这个时候，我们可以先说明一下自己的处境，一般来说，如果将自己的难处真切地说出来，上司是能体谅并且接受你的拒绝的。

那么，具体说来，我们该如何运用难处表明法这一心理策略来使拒绝这种不愉快降低到最低程度，使双方的关系进入柳暗花明的境界呢？下面是几个小窍门：

1.态度要真诚

我们之所以拒绝对方，多半是因为我们实在无能为力，而表明难处也是为了减轻双方的心理负担，并非玩弄"技巧"来捉弄对方。因此，拒绝他人时态度一定要委婉、真诚，特别是下级对上级的拒绝，地位低者对地位高者的拒绝等，更应注意自己说话的态度，不可盛气凌人，要以真诚的态度、关切的口吻讲述理由，争取他们的谅解。而在结束交谈的时候，还应再次表明歉意。

2.不要伤害对方的自尊

人都是有自尊心的，当你在拒绝别人时，一定要先考虑到对方的感受，在选用表达的词语时应准确、委婉。

3.为对方找条出路

直接拒绝对方难免令人失望，此时，你不妨为其再指一条明路，比如，“这件事我实在没有时间帮你去办了，你不妨去找某某试试。”“这份资料我这几天就要用，不过图书馆还有一份没借出去，你赶快去，应该可以借出来。”因为对方有了其他“出路”，他对你的拒绝也就不会太在意了。

没有哪个人是有求必应的，一个人找人帮忙，虽说抱着成功的希望，但也要有接受失败的心理准备，因为要知道对方可能也有难处。所以，当别人找你帮忙时，如果你能力不济或当前有困难，不妨讲明困难，委婉地拒绝对方，对方不是不通情理的人，只要你把难处说出来，是很容易得到对方的理解的。

转换话题巧拒绝

在人与人的交往中，拒绝与被拒绝是必然的。在表达拒绝时，总是难离一个“不”字，而这个“不”字又是最不好意思说出口的。然而，一味地接受又会让自己陷入困境，所以，也只能用一时的尴尬来换取永远的“宁静”了。其实，有时被我们拒绝的人之所以与我们反目成仇，并非完全是因为我们拒绝了他，更多的是因为我们拒绝他的语言和方式伤害了他。人活在世上，难免需要他人施以援手，所以，多一个敌人绝非什么好事，我们不能避免拒绝，但却可以在拒绝时采取适当的方法，最大程度地避免因为拒绝而四面树敌。

不好正面拒绝时，只好采取迂回的战术，转移话题也好，另找理由也行，关键是善于利用语气的转折，但又不致于撕破脸。事实上，人都是聪明的，你大可不必担心对方不能领悟你转变话题的用意。因此，可以说，顾左右而言他绝对是一个巧妙的拒绝他人的心理策略。

有对年轻男女在一起工作，男方对女方产生了爱慕之情，男方急于要表白心意，女方虽心领神会，但是却不愿将友情向爱情方面发展，女方认为还是不要说破，保持那种纯真的友谊比较好，于是，就出现了下面的情况：

男青年：我想问问你，你是不是喜欢……

女青年：我喜欢你给我借的那本公关书，我都看了两遍了。

男青年：你看不出来我喜欢……

女青年：我知道你也喜欢公共关系学，以后咱们一起交换学习心得吧！

男青年：你有没有……

女青年：有哇！互相切磋，向你学习，我早就有这个想法了。

男青年：……

这位女青年3次都把男青年的话打断，使得男青年明白了她的想法，于是，不再问了。这比让他直率地问出来，女青年当面予以拒绝要好很多。

在拒绝他人时，我们有时会觉得不便说“不”，便随便找些理由来搪塞对方，以求得一时的解脱。但这个方法并不高明，因为对方仍可能会找理由与你纠缠下去，直到你答应为止。比如你不想答应帮他做事，推托说：“今天我没有时间。”他可能会说：“那没有关系，你明天再帮我做好了，事情就拜托你了。”此时，你可能很难再用其他借口推辞了，因为这些都是小小的谎言，一经反驳，你肯定会感到慌乱，说“不”的意志便很难坚持了。实际上，你不妨直接采取转换话题的方法，对对方的问题不予直接回答。

当然，我们在采取这一语言策略的时候，就需要做到正确的断答，才思敏捷，口语技巧娴熟。因为，首先，断答前要摸准对方的心理，“你一张口我就知道你要问什么”，“未闻全言而尽知其意”，这与“错答”比起来，要求会更高。

其次，要能抢得自然而恰当，比如从“喜欢”（人）而引论到“喜欢”（书），能瞒过在场的其他听话人。

最后，断答往往需要几个回合才奏效，因为抢一两次，对方可能还不能领悟到答话者的真正意思，或者略略知道而不甘心，于是继续发问，这就要求“连抢”多次，才能不露出破绽，达到拒绝的目的。所以说难度大，技巧性强，但如果运用得当，效果也会很好。

拒绝别人或被别人拒绝，是我们每个人一生中每天都可能在经历的事情。这是人生中非常真实的一面，谁都会遇到这样的经历。朋友、同事，甚至领导来找你帮忙，但有时他们所提出的要求是你没有能力或不愿意去做的，此时，我们就要学会拒绝他们的请求。我们可以故意转移话题，就是在对方还没有完全表达出想说的话时，就将其话断开，转向其他的话题，这对于拒绝对方而言也不失为一种好的方法。

第09章 暖心暖语，赢得他人的忠诚信赖

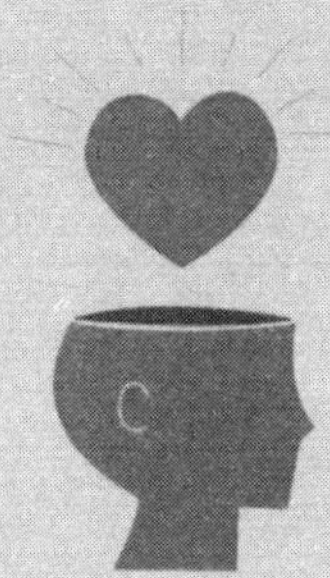

良言带给他人希望

常言道，良言一句三冬暖，恶语伤人六月寒。很多时候，语言的效力非常强大，甚至远远超出人们的想象。因而在与人交往时，我们千万不要不假思索用语言攻击和中伤他人，而要更加宽厚友善，即便得理也要让人三分。唯有如此，我们才能给身边的人带去温暖，同时得到他们的尊重和信赖。

现实生活中，每个人都有自己生活的小圈子，在这个小圈子里，也许就有很多人需要我们安慰。有的朋友做生意失败，或者婚姻生活不如意，需要安慰；工作中，有的同事工作失误，被老板批评了，甚至扣掉了很多年终奖，也需要我们安慰。家庭生活里，我们也要与至亲至爱的父母、爱人和孩子交往，当他们遇到为难的事情时，不仅需要我们的分担，也更需要我们的安慰。在这种情况下，如果我们总是哪壶不开提哪壶，总是捡着别人不愿意听的话说，甚至故意说些让人心寒和绝望的话，那么可想而知我们最终必然是孤家寡人，因为没有任何朋友愿意与冷血的我们相处。

有的时候，很多危难之中的人需要的未必是切实的帮助，而仅仅是能够传递温暖的安慰话语。说话，虽然是一件非常微妙的事情，但是只要我们用心，总还是能把话说好的。而且用语言给他人温暖，比起切实帮助他人显得更容易，我们又何乐而不为呢！这就像是投资友情，暖人的良言是在以最小的投入，获得最大的回报，聪明的朋友一定都知道该怎么做。而且，当我们没有能力给予他人更多的时候，用语言温暖他人，也是我们最方便去做的、对他人最立竿见影的帮助。

当然，身处危难之中的人往往是比较敏感多疑的，心理上也非常脆弱的。在这种情况下，我们安慰他人时一定要注意方式方法，就算是平日里说话大大咧咧的人，此时也要谨慎地表达自己，而不要因为口无遮拦，给他人心理和感情上带来更大的伤害，否则就会导致事与愿违。

在一次地震中，艾米被压倒在高楼大厦下面，经过几天几夜的等待，她终于迎来了救援人员。然而，此时的艾米已经奄奄一息，只剩残留的求生欲望，还在支撑着她微弱如同烛火的生命。

救援人员知道艾米就在那里，但是一时之间还没有办法把艾米救出来。为了帮助艾米保持清醒，唤起艾米的求生意志，一位救援人员留在距离艾米不远处的废墟中，与艾米“聊天”。因为失血过多，艾米浑身发冷，恐惧至极，她对救援人员说：“我害怕，别离开我。”救援人员马上以坚定的语气回答：“放心，我一定守在你的身边，我不会离开半步的。”救援人员的话使艾米得到些许安慰，精神也好了些。她又对救援人员说：“如果我死了，告诉妈妈我爱她。”救援人员说：“我在你身边，你不会死的，你会活得像花儿一样，我很快就会救你出去。相信我，相信我，我一定会救你出去。”在等待救援的漫长时间里，救援人员一直在陪艾米说话，也以温和坚定的语言帮助艾米重新树立生的希望，激发起艾米顽强的求生意志。后来，艾米和这位救援人员成为了好朋友，不管遇到什么事情，她都愿意征询他的意见，从他那里得到力量。

语言的力量，超乎人们的想象。温和的语言，能够使人们原本绝望的心里重新点燃火种，也能够使已经放弃的人再次紧紧握起手。废墟之中的艾米，如果不是有救援人员不停地激励和鼓舞她，以充满力量的语言分散她的痛苦，也许她的生命早就戛然而止了。

温暖的语言尤其能够使人满怀希望，从他人的语言中得到力量的人，必然会对他人心存感激。既然冷嘲热讽也是一种表达方式，温暖正向也是一种表达方式，我们为何不用语言帮助他人树立信心和勇气呢！也许我们以一句温暖的话温暖他人时并不能得到回报，但是赠人玫瑰，手有余香，我们在慷慨帮助他人的同时，实际上就已经得到了快乐和满足。

理解他人苦恼，把话说贴心

“给不幸的人送去最贴心的安慰，是一个女人的美德。”女人善解人意，语言温婉动人，往往能够带给不幸的人温暖和慰藉，减轻他人痛苦。人生的道路往往逆境多于顺境，坎坎坷坷，苦恼最是难免，除了当事人需要自我调节外，还需要朋友最贴心的安慰。人们往往很难忘记曾经和自己一起分担痛苦、在不幸中给自己温暖和力量的那个人，女人要学会担当这一角色，才能有更多的患难与共的真心朋友，关键时刻才能获得更多的帮助和关怀。

然而，并不是所有安慰的话都可以让人感动，只有掌握一定的技巧，才能把话说得贴心，让人感到欣慰和感激，怎样给不幸的人送去最贴心的问候呢？首先要站在对方的角度，理解他人的苦恼，才能说到对方心里去。

1.多倾听对方的苦恼

安慰一个人，听比说更重要，很多人并不需要你的安慰和帮助，只是需要一个静静听他诉说的人。聆听时最好不要追问事情的前因后果，也不要急于去做判断，给对方一定的自由空间，让他去诉说自己的感受，这样更能分散苦闷的心情。

某女孩和老公吵架和闺蜜诉说她的烦恼，其实，吵架的原因并不重要，也不大，主要是女孩子身在外地，总觉得孤单，心里敏感，感觉老公和家人合伙欺负她。这种因为远离家人和好友，远离熟悉的人，而产生的孤独、郁闷和委屈是很多新婚的年轻女人都体会过的。朋友只是静静地听她反复诉说，然后告诉她自己也有过这种感受，“事不大，但感觉特别委屈，特别想流泪。”一下子说到了女孩子的心坎里。

2.理解他人苦恼

由于生活体验、家庭背景、所受教育的不同，每个人对苦恼都有不同的理解，在有些人眼中很严重的事，在另一些人眼中似乎“不值一提”。当试图安慰一个人时，首先要理解对方的苦恼，接纳对方的世界，不要迫不及待地提出自己的见解，更不要对对方的感受妄加评断。安慰者必须先放弃自己根深蒂固的成见，真正站在对方的角度去看待他所面临的问题，走进对方的内心世界，才能对对方的痛苦感同身受。

3.用真情实意的关怀贴心问候对方

贴心的问候，往往能一下说到对方的心坎里，安慰时最好先问别人的感觉，比如“你感觉好些了吗？我能为你做点什么？”或者“你愿意和我说说发生了什么吗？说不定我能帮上你”这些贴心的关怀性语言可以让对方感觉到你真诚的关心，和帮助对方的意愿，从而让对方的内心充满温暖。

切忌一些缺少感情色彩的僵硬安慰，比如“不要担心”“不要难过”“一切都会好起来的”“勇敢点”“请节哀”这类套话因为司空见惯，而缺少关怀，往往很难真正打动人心。

纽约怀特普兰的一名心理治疗专家露斯·罗森菲尔德说：“别拿你的情绪去影响他——更别指望让他接受。你需要做的就是认真倾听，接受你朋友的情感，理解这种情感。”唯有理解，才更贴心，唯有理解和关怀，才能让朋友感到温暖和力量。

温和贴心的语言减轻对方悲伤

人生在世，命运神秘莫测，不如意事十有八九，面对痛失亲人爱侣、失恋、失业等等不幸和痛苦，我们常常需要朋友的安慰帮我们摆脱悲伤，对方也一样。对着那些悲伤的面孔，我们常常会觉得无错、无能为力，似乎任何的安慰都难以到达他们的内心。其实，技巧高超的安慰虽然不可能真正消灭痛苦，但可以给他们的内心带来温暖和希望，减轻悲伤。

心理学家也提醒我们“安慰不等同于治疗，治疗是要使人改变，借改变来断绝苦恼；而安慰则是肯定其苦，不试图做出断其苦恼的尝试。”因此，在安慰痛苦的过程中，主要不是提供解决的方法，给对方明确的见解或者干预对方的情绪，而是主要用倾听等方式了解并认同对方的痛苦，用温和贴心的语言减轻悲伤的程度。

具体策略与技巧如下：

1.认同他们的痛苦

认真倾听他们的痛苦，不要轻易询问或做出指责、评判或安慰之言，你的倾听就是对对方最大的安慰。当朋友失恋时，他们不希望你指责他们或已经分手的伴侣，过多的评判也许会引起对方不必要的反感。失业也同样如此，指责对方的上司或公司、质疑他们的能力或公司的公平是最不明智的一种行为。对于失去亲人的朋友，不要轻易提及死者，更不要轻易表示理解和怜悯，最好的办法是劝他们忘记那些无可挽回的不幸，并询问对方对今后的生活有什么打算。

2.允许他们发泄

无论是对方失去理智的谩骂、唠叨，还是哭泣，都是发泄的一种方式，无论他们的遭遇是否是公平的，遭受痛苦的初期，他们都可能会态度偏激，这时候不要劝解，更不要批评，跟随他们一起指责对方更是不明智的。发泄也是一种疗伤的过程，这时候最好静静地任由他们发泄，让他知道你支持他们的心意。

3.少谈论自己

在安慰他们的时候，最好少谈论自己，无论你是否有过类似的经历，你的经验都不足以应付他人的情绪。你是去提供关心和帮助的，一定要多关注对方的感情最好不要说类似于“我理解你的心情和处境”“我曾经也……”之类的话，这样有把自己的处事态度强加给朋友的嫌疑，最好改为“我很痛心你失去了……我能帮你做点什么吗？”更能体现出你对对方的关怀。

4.不要表现出你的怜悯

当一个人失去自己的亲人、恋情、事业的时候，往往是最脆弱的时候，心灵也往往最敏感，特别是平时自尊心很强的人。要给人安慰，但一定不要表现出你的怜悯，诸如“可怜”“可叹”“不平”之类的话最好不要轻易说出来。

5.陪对方走一程

面对对方的痛苦，不妨用陪在对方身边的方式来纾解对方心中的痛苦，邀对方一起吃个饭，三五个亲密朋友聚一聚，时不时和朋友一起去散散心，都能帮助他们减轻内心的痛苦。

6.实用的几句劝慰

亲人逝去时——“听到这个消息，我也很难过，能为你做些什么吗？”“我很痛心你失去了亲人，我能帮到你吗？”“你一定很痛苦，有什么需要帮忙的，尽管开口。”

失恋时——“分手总是让人难过的，但是往事如烟，忘掉不开心的事情，开始新的生活吧！”“感情破裂总让人难以承受。有什么需要我帮忙的，随时找我。”

失业时——“塞翁失马，焉知非福。一定还有更好的机会等着你，不要气馁，好好为未来打算一下吧。”“这太突然了，我很遗憾，但我知道有更好的工作在等着你。咱们好好想想看有哪些合适的机会。”

多给予对方赞同，深得他人信任

在这个强竞争、高压力的社会中，很多人认为自己不被他人理解，最重要的一点就是找不到属于自己的听众。每个人都有表达自己、被他人理解的欲望，所以，都希望他人能扮演听众的角色。有了快乐的事情，希望说给他人听，跟人分享；有了不开心的事，也希望与人倾诉。当然，除了这一点之外，人们也更希望能通过倾诉获得他人的赞同和理解，而不是反驳和训斥。因此，从心理学的角度来看，多给予对方赞同会使对方心情愉快，会换来对方的理解和信任。

小王是一名电脑推销员，最近，他遇到了一个难题：在向某公司推销电脑时，公司负责人把决定权交给了一名技术顾问——陈教授。经过考察，陈教授私下表示，两种品牌，各有优缺点，但在语气上，似乎对竞争的那一家颇为欣赏，小王知道问题出现了。于是，他准备进行最后的努力。他找了个机会，口沫横飞地介绍他所代理的产品如何优秀，设计上如何特殊，希望借此改变陈教授的想法，谁知道，还没等他说完，陈教授不耐烦地冒出了一句话：“究竟是你比我行，还是我比你懂？”这话如五雷轰顶一样打醒了小王，不过似乎已经晚了。

当小王垂头丧气地回到公司，向同事诉说了这件事后，一位同事告诉他：“为什么不干脆用以退为进的策略推销呢？”并向他说明了“向师傅推销”的技巧。“向师傅推销”，切记的是要绝对肯定他是你的“师傅”，认同他的观点，抱着谦虚、尊敬、求教的心情去见他，一切的推销必须无形，伺机而动，不可勉强，不可露出痕迹，方有效果。

于是，小王重整旗鼓，再次去拜访陈教授。见了面，他一改自己的说话习惯，对陈教授说：“陈教授，今天，我来拜访您，绝不是来向您推销。过去我读过您的大作。上次跟老师谈过后，回家想想，觉得老师的分析很有道理。老师指出的我们所代理的电脑在设计上，确实有些特征比不上别人。陈教授，您在××公司担任顾问，这笔生意，我们遵照老师的指示，不做了！不过，陈教授，我希望从这笔生意上学点经验……”小王说话时一脸的诚恳。

陈教授听了后，心里又是同情又是舒畅，于是带着慈祥的口吻说道：“年轻人，振作点。其实，你们的电脑也不错，有些设计就很有特点。唉，我看连你们自己都搞不清楚，譬如说……”陈教授谆谆教导，小王洗耳倾听。这次谈话之后没过多久，生意便成交了。

案例中，推销员小王可谓是虚惊一场，但如果他没有接受同事的建议，而忘记在倾听中赞同、学习客户意见的重要性，那么，这次推销肯定会以失败告终。

的确，人们都有这样的感觉：与志趣相投的人谈话其乐无穷，与志趣相异的人谈话，会感到“话不投机半句多”，也就是说，人们都喜欢交谈的对方能赞同自己。掌握人们的这一心理，我们在交谈时，多肯定对方，让对方感到你与他志趣相投，对方一定很乐意向你倾诉。

巧妙地处理人际关系，最重要的一点就是掌握“赞同别人”这一说话艺术。事实上，这也是我们这一时代智慧的结晶之一。也许，在你的生活中再也找不出像“赞同别人”这样一个简单的技巧了。

那么，在与他人的交谈中，怎样运用“赞同别人”这一艺术呢？

1.要有赞同的态度

如果你根本不赞同对方的观点，那么，切不可虚伪作态。因为这样，你的一言一行都是假惺惺的，你自己都无法说服自己，又怎么能说服别人呢？

2.当你赞同别人时，一定要表达出来

不要指望你对对方的暗示能让他感受得到，要让他们知道你赞同他们的意见，不妨直接说出来，“我同意您的说法”或“您说得很对，我完全赞同”，“我认为您的看法很好”。

3.不赞同也不要直接表示反对

直接反对只会导致双方的争执，这样你只会与人产生矛盾，你会失去很多，所以，请不要轻易否定别人，除非不得不这样做。

4.避免与人争论

人际关系中最忌讳的就是与人争论。因为没有人能从争论中获胜，也没有人会从争论中赢得朋友。即使你是对的，也不要争论，这不是解决问题的最好办法请务必记住这一点。

赞同艺术的根据在于——人们喜欢赞同他们的人，人们不喜欢反对他们的人，人们不喜欢被反对。从今以后，请积极地赞同别人吧！只要你懂得并善于运用赞同的艺术，你就会成为一个受人欢迎的人。

避开“敏感区”，给对方台阶下

心理学家们通过研究发现，每个人都有着自己特殊的“敏感区”，这个敏感区域包括个人的隐私过错以及自尊和做事底线等。每个人都不愿意在别人面前过多地暴露出个人的隐私或者以前的错误，更不愿意让自己的尊严受到别人的伤害。因此我们在交际活动中，一定要注意不要触及对方的敏感区，更不要让对方觉得当众受到侮辱。哪怕是为了改正别人的缺点而进行必要的劝说，也要注意正确的方式和方法。

《菜根谭》里有这样一句话很有道理：“径路窄处，留一步与人行；滋味浓时，减三分让人尝。”这句话的意思就是在告诉我们，做什么事情都要先考虑一下别人，而作为日常生活中必不可缺的交流更要如此，一定要坚持一个原则，不能够在别人面前口无遮拦，更不能为了一时的心直口快而侵犯别人的隐私，进入别人的敏感区，让别人下不了台。

我们应该在以下几个方面多注意一下：

1.可以适当地开玩笑，但是不能以讽刺他人为目的

玩笑话一般能起到活跃气氛、缓和人际关系的作用，但是有些人在

开玩笑的时候不懂得适度的原则，喜欢讽刺、攻击、责怪他人，尽管可能会引起短暂的笑声，却给被嘲笑者的心理上留下了巨大的阴影，甚至会造成一些意想不到的后果，让本来十分宽松的气氛显得过于紧张和难堪。

2.任何的谈话都不要涉及他人的隐私

无论在任何的场合下，也无论对方和自己是多么的熟悉，都不要在交谈的内容中涉及对方的隐私。俗话说“言者无意听者有心”，有时一句无心的话，在别人听来可能就是一种讽刺和侮辱，从而对你产生极其恶劣的印象。

3.千万不要拿别人的短处来说事

在社交场合总有那么一些人，喜欢用别人的生理缺陷和生活缺陷来当谈资，作为炫耀自己的一种方式。比如说些“你的头上没有头发，是不是想无法无天啊”“你那几个月不洗的臭脚可以熏死一屋子人啊”等，这样就会让别人对他产生很大的厌烦情绪，从内心里也不愿意和这种人打交道。

第10章 场面应酬，增加未来可期的机遇

客套话巧妙避开尴尬

中国是一个有着悠久历史的国家，是一个礼仪之邦。从心理学的角度看，人们都喜欢与知晓礼数的人交谈。而会不会说客套话是一个人懂不懂礼数的重要表现，更是一个人社交能力的体现，为此，客套话可以说是敲开陌生人心里大门的一个重要方面。与人见面之初，往往可能陷入无话可说的尴尬场面，这时你不妨以一些“客套话”开头，比如：“天气似乎热了点！”或者“最近忙些什么呢”等。虽然这些“场面话”大部分并不重要，然而，正是这些话才使彼此免于尴尬的沉默。

在古典名著《红楼梦》中，就有许多经典的场面话。在《刘姥姥进大观园》一回中，刘姥姥找到周瑞的娘子时，两人就用了许多场面话来进行寒暄。

周瑞娘子迎出来问：“是哪位？”刘姥姥忙迎上来问道：“好呀，周嫂子！”周瑞娘子认了半天，方笑道：“刘姥姥，你好呀！你说说才几年呀，我就忘了。请家里来坐罢。”刘姥姥边走边笑道：“你老是贵人多忘事，哪里还记得我们呢。”来至房中，周瑞娘子命小丫头倒上茶来吃，再问些别后闲话后，又问姥姥："今日是路过，还是特来的？"刘姥姥便说："原是特来瞧瞧嫂子你，二则也请请姑太太的安。若可以领我见一见更好，若不能，便借嫂子转达致意罢了。"

在这段对话中，刘姥姥与周瑞娘子说的大部分都是客套话。刘姥姥通过一番场面话，让周瑞娘子觉得，刘姥姥虽然是个出身寒酸的人，但还是很懂礼数的。而同时，刘姥姥也化解了自己寒酸的身份，之后双方再聊起正题就显得亲切许多，自然，周瑞娘子也会给刘姥姥一个见主子的机会。一些本来不好开口的话，经过场面话的客套之后，听起来就舒服多了。因此，在交际过程中，一定要重视客套话的作用，特别是当你与陌生的人或不熟悉的人交往时，场面话无疑是打破距离障碍的第一把钥匙。

在交际过程中，经常使用客套话、场面话和寒暄语，可以消除陌生心理，促成彼此间的良好交往，正如培根说过的："得体的客套和美好的仪容，都是交际艺术中不可缺少的。"所以，会交际的人应当像司机精通交通规则一样，熟悉和掌握各种客套话。

一般来说，"客套话"有以下几种：

1.当面称赞人的话

诸如称赞小孩子可爱聪明，称赞女士的衣服大方漂亮，称赞某人教子有方……这种场面话所说的有的是实情，有的则与事实有相当的差距，听起来虽然"恶心"，但只要不太离谱，听的人十之八九都感到高兴，而且旁人越多他越高兴。因为事实上，每个人都愿意听赞美的话，尤其是公开化赞美的话，对方接受起来也更乐意。

2.当面答应人的话

和陌生人交往，如果对方希望你帮什么忙，即使你不能帮忙，也不能当面拒绝。因为场面会很难堪，而且会马上得罪人，你可以说一些场面话，诸如“我全力帮忙”“有什么问题尽管来找我”等。给足对方面子，不至于让他下不来台，他也会觉得你是个顾全大局的人。

另外，我们要记住一些特定场合下有针对性的客套话。比如在打扰别人或者给对方添麻烦时，要真诚地说一声“对不起”“不好意思”，一旦没有了这句话，对方可能很长时间还会对此事耿耿于怀；在求人办事后，要真诚地说声“谢谢”“拜托您了”，如果没有这句客套话，对方会认为你求人的态度不够真诚或者认为你不懂礼节，从而对你的印象大打折扣；在作报告或者讲话时，可以先这样客套一下：“我的讲话水平不高，讲得不好，还请大家见谅”，“如果讲得不好，还望大家多多指正”……这类客套话表面上看似是随口而出，实际上却是起到了表现自身涵养的作用。

下面是一些特定场合的客套话：

（1）初次见面说“久仰”，久别再见说“久违”。

（2）未及欢迎说“失迎”，起身告别说“告辞”。

（3）等候宾客说“恭候”，客人到来说“光临”。

（4）看望他人说“拜访”，请人勿送说“留步”。

（5）请人办事说“拜托”，盼人指点说“赐教”。

（6）求人帮忙说“劳驾”，请人解答说“请教”。

（7）求人方便说“借光”，麻烦别人说“打扰”。

（8）陪伴朋友说“奉陪”，中途告辞说“失陪”。

（9）向人祝贺说“恭喜”，赞赏他人说“高见”。

因此，在与陌生人说话的时候，我们需要掌握一些“客套话”的说法，在三言两语之间，就能轻松让对方为我们打开心门！

千百年来，人们在与人打交道的时候，都有一套约定俗成的套路，这其中也包括客套话。所谓“客套话”，顾名思义，就是为表示客气所说的话。作为领导者，无论是在工作还是生活中，都免不了要与各种各样的人接触，于是，学会客套就显得尤为重要。

多说“礼貌话”，增添和谐气氛

生活中，我们对那些说话彬彬有礼的人总是充满好感。因为人们总是把“礼貌”与其他一些品质联想在一起，比如：有修养、真诚等。我们与人交际，就是希望能得到别人的认可，从而达到我们的交际目的。而语言是交际的外衣，我们要想有良好的交际效果，就要从语言入手，应酬场不忘说些礼貌话，让人产生积极的心理，看到我们的素质和修养，从而对我们另眼相待。

在与人交际中，说话时都要说文明话、礼貌话，少一些失礼的语言，不管对方是熟人还是陌生人，内心多一些善意，多说一些真诚祝福的话，我们的交际圈子就会更加和谐，这样的和谐环境对我们的生活、工作都大有帮助。

那么，人际交往中，我们该怎样说“礼貌”话呢？

1.真诚地说话

人与人之间交往，无论是雇佣关系，还是朋友关系；无论是亲戚还是顾客，相互之间都应真诚相待，只有真诚，才能换取真诚。如果我们只是把“礼貌话”当成一种场面语言，那么就会显得不真诚，即使这场面话说得再好，也不会获得对方的信服。

2.掌握一些礼貌用语

礼貌用语要文明雅致、措词恳切、热情真挚、口气和蔼、面带微笑，主要有以下几个方面：

问候的用语：早晨好；您早；晚上好；晚安。

答谢的用语：请多关照；承蒙关照；拜托。

赞赏的用语：太好了；真棒；美极了。

挂念的用语：身体好吗；怎么样；还好吧。

理解的用语：太忙了只能如此；深有同感，所见略同。

征询的用语：你有什么事情；需要我帮您做什么；如果您不介意的话，我可以做……吗。

道歉的用语：对不起；请原谅；实在抱歉；真过意不去；完全是我们的错。

常用的客套话：慢走；留步；劳驾；失陪；失敬；久违；久仰；恭喜。

俗话说，“一句话能把人说跳，一句话也能把人说笑。”言语是思想的衣裳，谈吐是行动的羽翼。它可以表现一个人的高雅，也可以表现一个人的粗俗，言谈高雅即行动之稳健；说话轻浮即行动之草率。也就是说，人际交往中，如果我们想要接通情感的热线，使交际畅通无阻，就应该得体地说好“礼貌话”。谈话中，习惯用礼貌语言，就会让人感到“良言一句三冬暖”，使气氛顿时亲切融洽起来。

不经意的赞美，让对方悦耳

在社交活动中我们常常会与陌生人打交道，最易接近陌生人的方式就是赞美。学会赞美陌生人，有助于与陌生人缩短距离，以达到交往的目的，提高交往的效果。因为，从心理学的角度来说，在这大千世界中，每个人都很渴望别人的赞美。人的一生中，需要自我定位、自我欣赏、自我发现，更需要他人的肯定、鼓励和真诚的赞美。陌生人也是如此，如果能在初次见面中就能说出令对方悦耳的赞美之言，必定能让对方打开心扉。

心理学家威廉·杰尔士也说：“人性最深切的需求就是渴望他人的欣赏。” 也正是因为这样，赞美具有一种不可思议的推动力量。对一个人真诚的赞美，正如沙漠中的甘泉一样让人的心灵受到滋润，而当你赞美他人的时候，别人也就会在乎你存在的价值，与陌生人之间，关系就会迈进一步，双方的关系也会融洽起来。

赞美别人尤其是赞美陌生人并不是盲目的。那么，究竟怎样才能较好地把握住赞美陌生人的艺术呢?

1.在赞美陌生人之前，要对所赞美的对象有个初步的了解

古人云：言为心声，我们首先要观察对方的举止，倾听对方的言谈。根据其口音，判断对方是南方人还是北方人、家乡是哪里的等；通过其言谈，可以透露其职业的蛛丝马迹，每个人的言谈举止都会带有职业的特点；观其色，通过其表情可以知其好恶，了解其对什么较感兴趣。了解了这些，你对陌生人表示赞美就不会毫无边际，而会通过自己的赞美引起对方的注意，激发其兴趣，达到你要赞美她的目标。比如，“看您的穿着这么得体，一定是服装方面的行家里手，这件事我想听听您的高见。”这句话能使对方对你产生好感，觉得你很有礼貌。

2.真诚地赞美

无论是赞美熟人还是陌生人，真诚都是第一条原则。虚伪和做作是苍白无力的，惟有真诚地赞美才会春风拂面，虚情假意的赞美，往往被人认为是讽刺挖苦或者是溜须拍马，会让人感到恶心，被他人鄙视。俗话说：“心诚则灵。”要赞美陌生人，首先自己要做个有心人、细心人和热心人，了解被赞美对象的思想、生活、工作、学习情况，发现他们每一个细小的优点或长处，并进行及时的赞美，切忌虚情假意。

真诚地赞美来自内心深处，是心灵的感应，是对被赞美者的羡慕和钦佩，是能使对方受到感染、发出共鸣的关键。

3.及时赞美

很多人做了好事或者获得了成功，都很想得到赞美，但是世界上任

何事物无不以实践、地点、条件为转移。很多事情，只要时过境迁，就没有办法再追回了。所以，请记住，和陌生人说话时，如果你突然发现了一些别人身上的优点，那么就不要再犹豫了，也不要羞怯，请立刻告诉他，这是最能赢得别人好感的方法。

4.赞美有度

赞美陌生人也要掌握一定的原则，要保持恰当的距离，因为陌生人之间互不了解，有很多职业具有不同程度的保密性，所以称赞时，不要像对老朋友那样随意，否则，会引起对方的反感。

赞美时不要口无遮拦，要把握赞美的尺度，这样才能做到恰如其分。赞美不到位或者言过其实都会产生相反的效果。

总之，在与陌生人萍水相逢时，要把握好着眼点和契机，这时的赞美不可太具体、详细，内容要宽泛，要显得热情真诚，不要做作。究竟如何赞美，还要具体情况具体分析，若只是生搬硬套，不看对象只会事与愿违，只有这样，才能使你的赞美成为敲门砖，才能操纵对方的心理，与其迅速拉近距离，增进感情！

嘴巴甜一点，让他人喜欢与你相处

人，总是希望得到他人的赞美，无论是咿呀学语的孩子，还是白发苍苍的老人，都会希望获得来自社会或他人的赞美，从而让自己的自尊心和荣誉感获得满足。有位企业家说过：“人都是活在掌声中的，当下属被上司肯定，他才会更加卖力地工作。”同样，我们与人交际时，嘴甜一点，把赞美、恭维人的话说到对方心里去，会让他人更喜欢与我们相处。

法国的拿破仑就非常知道赞美的力量，而且他也具有高超的统帅和领导艺术。他主张，对士兵要“不用皮鞭而用荣誉来进行管理”。他认为：一个在伙伴面前受到体罚的人，是不可能愿意为你效命疆场的。为了激发和培养士兵的荣誉感，拿破仑对每一位立过功的士兵都加官晋爵，而且还会在全军进行广泛的通报宣传。通过这些赞美和变相赞美，去激励士兵勇敢地战斗。

另外，美国历史上有一个年薪百万的管理人员名叫史考伯，是美国钢铁公司的总经理。有记者曾经问他：“您的老板为何愿意一年付给您超过一百万的薪水呢？您到底有什么本事能拿到这么多的钱？”史考伯回答说：“我对钢铁懂得不多，但我最大的本事是能把员工的干劲鼓舞起来，而鼓舞员工的最佳方法，就是表现出对他们真诚的赞赏和鼓励。”史考伯就是凭着他会赞美他人而年薪超过一百万的。有趣的是，史考伯到死也没有忘记赞美人，他在自己的墓志铭上写道：“这里躺着一个善于与那些比他更聪明的下属打交道的人。”

人们喜欢被恭维，但对于那些肉麻的奉承，则会感到恶心。那么，人们究竟希望得到什么样的赞美呢？我们又该如何去巧妙地赞美他人呢？

1.发自内心地恭维

当我们真诚地赞美别人时，对方也会由衷地感到高兴，并对我们产生一种好感。所以，要想缓和并增进双方的关系，拉近彼此的距离，不妨对其使用真诚的赞美。

如果我们对一位清洁工人这样恭维：“您真是一位成功人士啊！你具有非凡的气质，您是一位伟大的人！”对方一定会认为我们精神有问题，因为这些话好像和他没有一点关系。

总之，恭维别人，一定要发自内心，并有据可依。唯有这样去恭维他人，才能抓住对方的心，才能获得对方的好感，改善人际关系。

2.间接恭维

要赞美一个人，直接赞美固然能起到作用，但间接赞美的效果更明显。比如，如果我们当面说别人好话，说得不当可能会被认为我们在奉承他，讨好他；然而在背后说这些相同的好话时，被赞美者就更容易接受我们的赞美之词，也容易领情。如果我们当着上司和同事的面赞美上司，我们的同事们会认为我们在讨好上司，拍上司的马屁，从而引起周围同事的反感。而且，这种正面的赞美所起到的效果也是不明显的，甚至还会起到反作用。与其如此，我们不如在公司里上司不在场时，对上司“大力吹捧”一番，而我们所说的这些好话，也会很快传到上司耳朵里的。

当然，间接赞美不仅包括背后赞美，我们还可以借助第三者赞美。多在第三者面前赞美你想赞美的人，是你与那个人融洽关系、增进交往的最有效的方法，如果有位陌生的人对你讲：“某某经常与我谈起你，说你是位了不起的人！”相信你的愉悦心情一定会油然而生。也就是说，我们要想让对方感到愉悦，就应经常在第三个人面前赞美他，这种赞美要比一个魁梧的男人站在你的面前说："我是您忠实的崇拜者！"来得更让人舒坦。

3.恭维的话要说得具体

赞美要具体，不能含糊其辞，否则可能会让对方感到混乱和窘迫。赞美越具体，说明你对被赞美者越了解，也更容易让对方接受你的赞美。

4.把握恭维的度，话要说得恰如其分

真诚的赞美应该是恰如其分的，不空泛，不夸大，不含糊，具体，确切。而且，所要赞美的事情也并非一定是大事，即使是别人的一个很小的优点，只要给予恰如其分的赞美，就不属于"拍马屁"。

爱听恭维的话是人的天性，人人都喜欢正面刺激，不喜欢负面刺激。如果在人际关系中人人都乐意赞美他人，善于夸奖他人的长处，那么人际交往间的愉快也将会大大增加。为了让我们的人际关系更加和谐，请不要吝啬你的赞美，多给予身边的人一些由衷的赞美吧！

说出关键点，让好感升温

中国有句俗话："良言一句三冬暖，恶语伤人六月寒，话到嘴边三分留。"的确，人际交往中，我们与人说话，切不可占尽先机，而应把重要的话留三分，给他人表现的机会，让其说出关键点。这样，对方会从心底里感激我们让给他的表现机会，进而对我们产生好感。法国哲学家拉·罗切福考尔德说过：如果你希望得到敌人，就超过你的朋友；但若想得到朋友，就让他们超过你吧。为什么这么说？因为从心理学的角度看，当朋友超过我们时，他们便充满了成就感；但情况若是相反，他们会深感羞耻并充满嫉妒。与人说话，同样是这个道理，让他人充满成就感，能使我们结交友谊，掌握交际的主动权。

那么，我们怎样才能让对方说出这一关键话呢？

1.提问法

我们要想把表现的机会让给别人，就要为别人创造表现的契机，而提问是一种很好的引导法。就像故事中的卡贝利斯先生问雇主："当时只有一间办公室和一名速记员，对吗？"面对这一提问，对方一般都会顺着问话者的思路回答问题。

2.不要打断别人说话

交际中，与人交谈，我们可能会遇到另外一种情况，那就是你不同意别人的观点，这时你也许很想打断他，但是最好不要这样做，人们在自己还有一大堆意见要发表的时候，是不会注意到你的，所以要保持开阔的心胸耐心听下去，并诚恳地鼓励他人把意见完整地表达出来。

这种方法在商业中同样适用。让我们来看看，下面是一个使用此方法的销售代表的故事。

美国最大的汽车制造公司决定购买一整年用的装饰织物，3个重要生产厂家都提供了自己的织物样品。汽车公司进行了检验并发出通知，每家公司都有机会派一名销售代表在指定的日子里为争取合同做出陈述。

其中一个厂家的销售代表R先生，抵达该地时正患有严重的喉炎。轮到他和公司总裁见面时，已经说不出话来了，连轻声耳语也很困难，他被带进一间屋内，发现里面坐着纺织品工程师、销售代理，营销总监以及公司总裁。他站起身来，费劲地想要说话，但只能发出嘤嘤声。这些人围坐在桌子旁，于是他在便签上写道：先生们，我嗓子哑了，无法说话。

“我可以替你说话。”总裁说，说完，这名总裁就把R先生的样品陈列出来并逐一说明其优点，关于产品品质的一场生动讨论就此展开。总裁既然是替R先生说话，很自然地站在了R先生这一边，而R先生做的只是微笑，点头和打一些手势。

这场特别会议的结果是R先生赢得了合同，装饰织物需求量高达50万码，总价值160万美元，而这是这位销售代表迄今为止拿到的最大定单。

从这个故事中，我们假想一下，如果这位销售代表没有失声，则很可能会失去这份合同。可见，让他人讲话的回报竟是如此丰厚。

3.寻求帮助法

也就是说，我们在与人说话的时候，不要显得无所不知，关键时候，你不妨对对方说：“这个问题我还真不清楚，您能帮我跟大家解释一下吗？”很明显，这样一说，话语权就交到了对方手里，同时，也能体现对方的能力，这是变相的给对方增光添彩。

一个精明的英国人曾经说过：“一个人在世界上可以有许多事业，只要他愿意让别人替他受赏。”的确，我们与人交际也是这个道理，说话留三分，让他人说出关键点，给他人表现的机会，在别人心中留下好印象，你会发现这种做法将会有利于长远的利益和奋斗目标！

第11章 临危不乱，让话语交谈深入人心

打破僵局，往往只是几句话

在日常交际中，人们常常因固执己见而争论不休，因为一句不适当的话而冷场，或者因为突发状况而形成难堪的情境，等等，各种原因都会造成僵持的局面，难以缓和的气氛横亘在交流双方之间，整个场面就如同冰山一般冷掉了。这时候，作为当事人或者局外人，需要适时地说几句话来打破僵局，化解尴尬的气氛，使交流得以正常地进行下去。其实，生活中难免发生一些猝不及防的意外事情，这会让当事人遭遇尴尬或不快，甚至引发不必要的麻烦，这些麻烦轻则令人恼心，重则在心里结下疙瘩。在这时候，如果利用突发事件与语言之间的玄妙之处进行机智的解答，就会使当事人转忧为喜，也会使整个紧张气氛得以缓解。峰回路转，只需要三言两语就能打破僵局，通过语言影响他人心理，为大家营造愉快的气氛。

在日常交际中，如何利用三言两语打破僵局呢?

1.幽默解说

在交际场合中，过于严肃和枯燥的气氛往往会不被人们所接受，这时候就需要用幽默的语言把它变得灵活些、有趣些。有时候，一个敏感的问题就能使整个场面僵掉，甚至妨碍了正常交际的进行，这时候就可以通过幽默的解说将问题诙谐化，打破僵局，使交际得以顺利进行。

2.强调问题的合理性

有时候对方可能是因为在特定的场合做出了不合时宜、不合情理的举动，这令旁人看起来很费解，导致了整个局面的僵持，这时候我们就需要自己找一个角度或借口，强调对方行为的合理性，这样就能打破僵局，缓解气氛。

3.利用谐音巧解

有一个火车司机的车牌号码是“16444”，亲戚朋友都说这个数字不吉利，车主一下子无言以对，这时候，有人却说“大爷，你这个号码好，它们可以理解为‘多拉发发发’，只要你多拉货，就一定能发财”，利用谐音巧解尴尬，打破僵持的局面。

4.逆向思维

面对突如其来的尴尬局面，当事人无可奈何的时候，我们可以跳出固定思维，从问题、事情的反面去思考，做出让双方都满意的解释，打破本来僵持的局面。

保持冷静，改变不利处境

处变不惊临危不乱是一个成功者的必备素质。一个成熟的人绝不会因为一些外部环境的变化而显得惊慌失措，他们能够让自己保持镇静，经过快速的思考之后迅速作出决断，采取正确的行动去改变不利的客观现实。

俗话说：“仓中有粮，心里不慌。”每个人都渴望在纷杂的外象之中认识事物的本质，作出正确的推算，让自己的谈吐做到一语惊人、一语中的，但是这种本领却并不是来自先天的遗传，而是来自后天的锻炼。这种“君子不言，言必有中”的口才是以足够的个人修养和文化底蕴作为基础的。如果你想成为这方面的人才，就不妨从提高个人的素养、开发个人的潜能入手，做一个胸有成竹的谈话者。

如何让自己“仓中有粮”做一个成竹在胸的谈话者呢？以下几条可以作为参考意见：

1.广泛地阅读

古人有言“家事国事天下事，事事关心”，那么要想成为一个关心天下事的人，就要进行广泛的阅读。从报纸、杂志、书本上了解社会动态、国家大事，通过对这些动态和变化的了解和思考，来提升你的分析能力和辨别能力。

在日常生活中，我们每天都要和报纸杂志打交道，那么在阅读的时候，最好养成做笔记的习惯，在阅读的时候，准备一支笔和一个笔记本，把一些好的句子和观点记下来，哪怕是每天只记上一两句，但是随着时间的推移，就会积土成山，你的文化修养也就会有显著的提高。文化修养得到提升之后，看问题就能更深刻，就能够通过现象认识本质，从而在谈论一些问题的时候也就避免了盲目和肤浅。

2.积累名言警句

名言警句虽然字数比较少，但却能很精炼地指出一些东西，表明一个道理。短小的名言警句是前人在经过深思熟虑之后提炼出的精华，我们不能因为它的篇幅较小而去忽视它。在听别人说话或者是看书的时候，多注意积累一下这方面的知识，久而久之，你的谈话题材和资料就会越来越多，分析能力也会越来越强，口才也就会越来越成熟。

3.关注日常生活，勤于思考，提高判断力

生活是一本读不完的书，也是一切知识和思想的根源。因此，在平常的生活中，你要注重对生活的观察和思考，身边的事情无论大小，都要进行有目的的关注，这样才能吸取自己所需要的东西。在和别人谈话的时候，不要停留在客气的层面上，要注重倾听，因为，每个人都有自己的闪光点，通过与别人的谈话，你也可以学到很多个人需要的东西。只有注重对生活的观察和思考，才能有更好的知识积累，培养你在言谈之中的分析能力和辨别能力。所谓“厚积薄发”，正是这个道理。

诚恳致歉，化解矛盾怨气

俗话说：“智者千虑，必有一失。”一个人再聪明，再能干，也总有失败犯错误的时候。著名军事家孙子曾说：“过也，人皆见之；更之，人皆仰之。”在日常生活中，我们都不可避免地会做错一些事情，但是，做错了事情并不可怕，只要能够及时认识到错误并改正错误，及时向对方诚恳地道歉，这样就会解开矛盾，缓解笼罩在彼此之间的怨气。与人交往，有可能会说错话，有可能会做错事，这就难免会得罪到他人，使原有和谐友好的人际关系有了裂痕。但是，在错误发生之后，如果我们能及时道歉，主动承担责任，一般情况下，是能够得到对方的原谅的。当然，假如你发现自己错了，却不愿意道歉，甚至处处找借口为自己辩解，这样的结果不仅得不到朋友的谅解，反而还会受到道德上的谴责，因此，我们不能小看了道歉的作用，而且，我们还需要学会有技巧地道歉，这样才能赢得对方的谅解。

诚恳而巧妙的道歉，能够挽救友谊危机，化解尴尬气氛，继而巩固友谊，推进新的人际关系的发展。不过，在这其中，道歉也是需要技巧的，比如，温斯顿·丘吉尔对亨利·杜鲁门的第一印象十分不好，后来他告诉杜鲁门，自己曾一度严重地低估了他。他仅用了一句高明的恭维话就表达出了自己的歉意。

1.道歉用语

诚恳的道歉需要适宜的道歉用语，比如“对不起”“请原谅”“很抱歉”“请你转告王先生，就说我对不起他”“对不起，是我的错”“我错怪你了”“不好意思，给你添麻烦了”，等等。

2.把握道歉的最佳时机

当你发现自己说错了话或者做错了事情的时候，就需要及时地道歉，道歉是越及时越有效果，我们很难想象在几十年后才说“对不起”会发生什么事情。当然，道歉的最佳时机还应该选在双方都心平气和的时候，在对方情绪比较好的时候，会更容易接受你的道歉。

3.先批评自己

道歉并不是等对方的责备已经来了再道歉，这时候你已经激起了对方的怒火，因此，我们需要先发制人，率先批评自己，这样对方就不好意思再责备你了，而且，也会宽容地谅解你的错误言行。

4.巧借物传情

如果直接道歉不太适合，可以选择打个电话或写封致歉信，也可以请一位彼此信任的朋友或同事代为转达歉意，等对方心情平复之后，再登门致歉赔礼。

巧词解决交际中言语失当

俗话说：“人有失足，马有漏蹄。”在现实生活中，总会出现话语失误的现象，这是不可避免的。虽然，这其中的原因各不相同，但话语失误所造成的后果却是极为相似的，或贻笑大方，或纠纷四起，甚至难以挽回。尤其是在日常交际中，假如你无心造成了言语失误，那可是相当尴尬的情形，因为有那么多人亲耳听到，你还能怎么办呢？说出去的话就犹如泼出去的水，覆水难收。但有时我们还是可以挽回场面的，这就需要敏捷的思维能力了，也就是看脑子转得快不快了。失言是一种话语表达的错误，只要你能及时找到挽救的方法来进行补救，就能在某种程度上降低失言带来的严重后果。

司马昭与阮籍正在上早朝，忽然有侍者前来报告：“有人杀死了你的母亲！”放荡不羁的阮籍不假思索地便说：“杀父亲也就罢了，怎么能杀母亲呢？”此言一出，满朝文武大哗，认为他“有悖孝道”。阮籍也意识到了自己言语的失误，忙解释说：“我的意思是说，禽兽才知其母而不知其父。杀父就如同禽兽一般，杀母呢？就连禽兽也不如了。”一席话，竟使众人无可辩驳，而阮籍也避免了杀身之祸。

当庭言语失误，这是何等的严重，稍有甚者就会惹来杀身之祸。不过阮籍是何等的机智与聪明，他凭借着敏捷的思维及时补救了自己言语的失误，借题发挥，巧妙而幽默地平息了众人的怒气。在日常交际中，失言后首先要做的就是采取一定的补救措施或矫正之术，去缓解言语失误带来的尴尬情形，否则你只会被听众所厌恶。

有一次，纪晓岚光着膀子与几人在军机处聊天，正巧乾隆带着几个随从突然到访，其他人一见皇帝来了，连忙上前接驾，躲在后面的纪晓岚心想：如果自己就这样光着膀子接驾，岂不是犯了亵渎了万岁之罪？可能，皇帝并没有发现自己，还是先躲一下为好。于是，急忙之下，纪晓岚钻到了桌子底下藏了起来，其实这一举动都被乾隆看在眼里，他故意装作没看见，却在椅子上坐了下来。

纪晓岚在桌子底下缩成一团，大汗淋漓，却不敢出声，过去了很长时间，他也没听见乾隆说话的声音，以为他走了，就问身边的同僚：“老头子走了没有？”这话被乾隆听见了，他厉声问道：“纪晓岚，你见驾不接，我且不怪罪于你，你叫我‘老头子’是什么意思？你要一个字、一个字地给我说清楚，否则，别怪我无情！”纪晓岚吓得半死，连称：“死罪！死罪！”接着，慢慢解释道：“万岁不要动怒，奴才之所以称您为‘老头子’，的确是出于对您的尊敬。先说‘老’字，‘万寿无疆’称‘老’，我主是当今有道明君，天下臣民皆呼‘万岁’，故此称您为‘老’。”

乾隆听了点点头，纪晓岚继续说道：“‘顶天立地’称为‘头’，我主是当今伟大人物，是天下万民之首，‘首’者，‘头’也。故此称您为‘头’。至于‘子’字嘛，意义更明显。我主乃紫微星下界，紫微星，天之子也，因此天下臣民都称您为天‘子’。”乾隆听了，笑了，这事就这样过去了。

当着那么多人的面对皇帝失言，那可是很严重的事情，弄不好自己脑袋就要搬家了。但思维敏捷的纪晓岚却异常冷静，慢慢解释，补救自己的失言，在回答皇上的过程中，他言语诚恳，态度谦逊，语言幽默风趣，以灵敏的应变能力巧妙地化解了话语失误带来的难堪，而且也受到了乾隆皇帝的肯定。

在日常交际中，一旦自己言语失误了，即便你尚未找到任何解决的办法，但只要能主动承认自己的失误，并向在场的听众说声“对不起”，定能赢得听众的喝彩声。反之，有的人言语失误了非但不觉得羞愧，反而说得更起劲，这样的人就只能让听众生厌了。

那对于日常交际中的言语失当，该如何应付呢？

1.寻找挽救的办法

言语失误了也可以挽救，你依然能够用语言来进行弥补，当然这其中是需要灵敏的思维以及绝妙的技巧的。只要你懂得随机应变，就能够弥补自己言语失误的过错，比如将错话加在他人头上“这是某些人的观点，我认为正确的说法应该是……”。又或者将错就错，干脆重复肯定，然后巧妙地改变错话的含义，将本来的错误变成正确的说法。

2.诚恳道歉

如果是自己的无心造成了言语上的失误，形成了尴尬的局面，那我们应该诚恳地向对方道歉，以一份坦率的胸襟来面对自己的失误，以诚恳的态度赢得对方的认可。

第12章

纵横职场，讲究策略得欢心

汇报工作，句句说到领导心坎儿里

说话是一门重要的学问。一个人进入到一个企业，很重要的一件事情就是要学会说话。因为我们不仅要与同事沟通，更要与上司沟通。我们如果能与领导进行有效沟通，建立并保持良好上下级关系，对自己以后的成长都十分有利，更具有重要意义。作为一个下属，免不了要和上司在工作上有往来。也就难免要向领导汇报工作，一个成功的职场人士也必然是一个善于汇报工作的人，因为在汇报工作的过程中，他能得到领导对他最及时的指导，更快地成长，也因为在汇报工作的过程中，他能够与主管上司建立起牢固的信任关系。可见，我们要想赢得上司的信任，就必须掌握领导的心理，学会巧妙汇报工作，句句话说到上司心坎上，令上司满意于我们的表现。

那么，我们应该怎样汇报工作呢？

1.主动汇报

作为上司，都有这样的心理，即使再忙，都希望能掌握每个下属的工作动态。因此，如果我们能主动汇报工作的话，那么便是给上司吃了颗定心丸，上司自然也会满意我们的表现。

黄伟是一名外贸公司的部门经理，由于事情多，就很忙，忘记了向领导汇报工作。有一天，他在开会时批评下属说：“你们现在好像一天都很忙啊，好像都不汇报工作了。”可是，会后，他听见员工们说：“黄总光会说我们，他自己好像也有十天半个月没有去总经理办公室了吧。”这话倒提醒了黄伟，他想，这段时间，工作是很忙，但是也没有忙到没有时间去向上司汇报工作情况的程度，怪不得总经理这些天好像都对自己有意见似的。如果每天、甚至每两天抽出一个小时的时间走进上司的办公室，向他汇报自己的工作，可能就不会是这样的情况了！

想到这里，黄伟立即安排秘书为自己做工作详细记录，第二天他走进上司的办公室，对老总说：“总经理，这是我近来的工作进度，请您审查。”上司对他流露出微笑：“有进步啊！”黄伟也报以微笑。

从案例中，我们发现，在与领导沟通时，主动的态度十分重要。主动汇报工作，与领导及时交流，不仅能及时更正错误或不当的工作方法，还能让领导放心。而实际上，很多下属往往摄于周围人际环境的压力，惟恐领导责备自己，害怕见到领导，不主动上报工作，也失去了展示才华的机会，更重要的是，也失去了上司的信任。

2.表达服从

古往今来，上下级之间，下级服从上级，这是天经地义的事，虽然也有很多下级冲撞上级，但他们都为此付出了代价，当今职场，这一规则更是不可动摇。在汇报工作的时候，这一点更是我们应该注意的。也就是说，汇报工作，我们要尽量把焦点放在“汇报”上，而不能越权，更不能说越位的话。

3.汇报要有重点

给领导汇报工作时，有时是一件事，有时是两件事甚至几件事，但对每件事都应考虑周全，突出重点，千万不可面面俱到，重复表达，啰唆冗长，力求做到重点突出，这样既节约了领导的时间，又体现了自己对工作的熟悉程度、对问题的把握能力、语言表达能力，同时又提高了工作效率。

越是职位高的人，需要处理的事就越多，有时候不可能每件事都管得过来。上司把某项工作交给你，是对你的信任，是对你工作能力的肯定。如果遇到鸡毛蒜皮的事也去向上司请示汇报，上司就会怀疑你的能力了。而且，事无巨细，统统汇报，也有邀功之嫌。比如一个负责行政的，对完成的车辆派用等汇报也没多少价值，对一些与通常情况下不一样的处理倒是有必要汇报一下的。

4.条理要清晰

给领导汇报前不妨先打好腹稿甚至是文字汇报稿，一、二、三、四、五，言简意赅，层次分明，用最精炼的语言，较准确的表达自己的汇报意图。

5.把握领导倾向性意见

有时一件事只有一种解决办法，有时有多种。因此，汇报前要考虑领导倾向于哪一种方法，那就把某一种方法放在前面先说，然后再把其他建议也一并给领导汇报，供领导决策参考。

6.多提解决的方法

汇报工作最重要的是提出解决问题的方案而不是简单地提出问题。要记住，汇报问题的实质是求得领导对你的方案的批准，而不是问你的上司如何解决这个问题，否则事事都要上司拿主意，要下属还有什么意义呢。我们去找领导汇报工作时要预备多套方案，并将它的利弊了然于胸，必要时向领导阐述明白，并提出自己的主张，然后争取让领导批准你的主张，这是汇报的最标准版本。假如你进行的总是这样的汇报，相信你离获得晋升已经不遥远了。

7.关键地方多请示

聪明的下属善于在关键处多向领导请示，征求他的意见和看法，把领导的意志融入正专注的事情。关键处多请示是下属主动争取领导关注的好办法，也是下属做好工作的重要保证。何为关键处？即为“关键事情”“关键地方”“关键时刻”“关键原因”“关键方式”。

在了解了以上汇报工作的方法后，我们大致便能抓住上司的心理，从而让上司从心里满意我们的表现了。

说话策略，让同事间相处融洽

身处职场，办公室每天都发生着这样那样的是是非非。不管你是不是卷入了这些是非，也不管你是喜欢路见不平，拔刀相助的“英雄”，还是“事不关已，高高挂起”的“世外闲人”，都要和这些同事们日复一日，年复一年地相处下去，这就需要你掌握一些与同事说话的艺术，尤其是要把握说话的分寸，在他们中间塑造一种受欢迎和被欣赏的说话形象和风格，通过言谈，让同事感觉你是个易于相处的人，只有这样，才有利于工作的开展，也有利于自身的发展。

与同事相处，要讲究分寸。话太少不行，现代社会中的人都是社会型动物，那些少言寡语的人，会被大家看成不合群、孤僻，不善交往，久而久之，你就会被大家所孤立，难有什么发展。话多了也不行，容易让别人反感，而且也容易让别人误解，认为你是个轻浮、不稳重的人，还容易落下个“乌鸦嘴”的名声。所以说，不多说一句，也不少说一句才是与同事间最理想的说话分寸。

与同事说话把握分寸，有下面这样几条原则：

1.公私分明

不管你与同事的私人关系如何，但如果涉及公事，你千万不可把你们的私交和公事混为一谈，否则你会把自己置于一种十分尴尬的境地。

2.注意对方的语言习惯

我们在与同事交往的过程中，必须留意对方的忌讳语，若是一不留心，脱口而出，最易伤同事间的感情。即使对方知道你不懂得他的忌讳，虽情有情可原，但你终究还是冒犯了他，对此，应该特别留心。

3.不要展示自己的优越

有些人动不动就喜欢提到自己或家人的辉煌业绩和显赫地位，向同事们炫耀，这将对同事们的自尊心造成伤害，引起大家的不快，导致对你的厌恶和反感。

4.尽量使用和气语言，不发生正面争吵

中国人自古便十分强调“人和”的因素，诸如“和气生财”“和为贵”“家和万事兴”之类的古训，至今仍被人们所津津乐道。无论你在你所处的公司、单位或任何一个利益共同体中处于怎样的位置，都应该与你的同事团结一致，“内讧”只能使每个人的利益都受到损害。

比如，当你偶然发现某位跟你十分熟识的同事，竟然在你背后四处散播谣言，数说你的不是和缺点，这时你才猛然觉醒，原来平日的喜眉笑目，完全是对方的表面文章！这时候，你可能很想和他大吵一通，揭露他的“恶行”，让其他的同事认清他的真面目。此时千万不要这样，因为大家是同事关系，你若摆出绝交的态度，一定会吃亏：一则别人以为你主动跟他反目成仇，问题必然出在你身上，这无形中给了对方一个借口去伤害你，这样做太不理智了。二则你们同在一个办公室，你总不想成天看见一副冷若冰霜或是怒目而视的面孔吧！对方滔滔不绝或多有冲撞冒犯之时，尽管任其发泄，自己在旁心平气和，处之泰然，尽量以柔和礼貌的语言来表达自己的意见。所谓“不打不相识”，同事与同事间往往正是在这种貌似攻势激烈的争执中达到了心灵的沟流和思想观念的交流，反倒越吵越了解，越争越痛快，比起以前的“和平共处”阶段还要互相尊重和信任。更何况你俩还有合作的机会，加上上司最不喜欢下属因私事交恶而影响工作。

5.闲谈时莫论人是非

只要是人多的地方，就会有闲言碎语。有时，你可能会不小心成为“放话”的人；有时，你也可能是别人“攻击”的对象，这些背后闲谈，比如领导喜欢谁、谁最吃的开、谁又有绯闻等，就像噪声一样，影响人的工作情绪，聪明的你要懂得，该说的就勇敢的说，不该说的一定不能乱说。

与同事说话，我们要懂得一些心理策略，让同事感觉到我们易于相处，这便能在整个交谈中掌握主动权，最终使自己的意思较顺利地得到实现。

用言语柔化怨气

领导在公司分配工作任务或者利益时初心不公，安排不当，或者对下属关心不够等都会让下属从心底产生不满情绪，这就是我们常说的怨气。这种怨气如果不能得到及时疏导，不仅会影响下属工作的积极性，而且会让领导陷入被动。

因此，作为一名领导在面对有怨气的下属时，一定不要置之不理，视而不见，而应主动找他们谈话沟通，用话语化解他们心中的怨气，调动他们工作的积极性。如果下属的抱怨是有一定道理的，领导应该给予重视，如果下属的牢骚话纯属一己私利，发泄个人怨气，领导者也不能充耳不闻，应该及时做好疏导说服工作。

那么当下属发牢骚时，领导者怎么说话才更恰当呢？

1.要善于营造和谐的谈话氛围

在谈话之初，由于下属心里有怨气，情绪肯定不好，说起话来也难免会有“火药味”，神色也会如梅雨季节的天空一样阴暗。这个时候，首要的一点就是给双方营造一个和谐的谈话氛围，让下属能够先平静自己的情绪，拂去脸上的阴云。要做到这一点，领导首先要把诚意写在脸上，用和蔼可亲的态度向对方嘘寒问暖，拉近与下属心理上的距离，这样下属才会把自己的心里话说出来，以便自己可以“对症下药”，否则，领导不这样做，就很有可能会短兵相接，不但无法达到谈话的目的，反倒会加深与下属之间的矛盾和隔阂。

2.情况不同，方法不同

由于每个下属所处的环境，个人的性格不同等多方面的原因，每个下属产生怨气的原因也不相同，作为领导，应该根据具体情况分别处理，切不可所有的情况都用一种方法，这里介绍几种解决怨气的方法：

（1）冷处理。下属有怨气，发牢骚时，往往情绪比较激动，感情胜过理智，这个时候最好的化解怨气的方法就是采用冷处理的策略，其实也就是一个缓兵之计，这样可以暂时缓冲矛盾，为自己了解真实情况赢得时间，从而寻找解决问题的方法。

（2）激将法。请将不如激将，对于一些明明不如别人，还不服气，“吃不着葡萄说葡萄酸”的下属，不妨运用激将法，有目的地去刺激对方，使他从自我压抑中解脱出来，化压力为动力。

例如，小王是大学本科毕业，每当他看到周围那些学历不如他的人比他职位高或者挣的工资多时，心里就很不服气，一天他跟自己的领导发牢骚说：“现在的社会学历低、胆子大的人挣大钱，而学历高、胆子小的人挣不了几个钱。”其实这话的意思就是向领导埋怨自己的待遇太低。对此，领导说：“如今社会讲究的是真才实学，学历高不一定能力强，相反，能力强不一定学历高，你要是不服气，有本事你也露两手让人瞧瞧。咱公司兰州那边的分公司现在效益不好，你敢不敢立军令状，过去把企业搞活，如果达到目标，公司一定重赏你！”

这话激起了小王的斗志，他想自己好歹也是有真才实学的，难道还不如那些连高中都没毕业的人吗？于是他主动要求去兰州市场，果然使兰州公司扭亏为盈。

（3）辩证法。一些下属在看待问题时立足点往往只是自身，缺乏全局观念，要化解他们的怨气，最好的方法就是对其进行辩证的分析，让其全面地看问题，帮助他正确认识自己，正确对待别人，从而打开他们的心结。

在化解下属怨气时，领导不要打官腔、说空话，而应说朴实之话，道肺腑之言，使下属切实领略到领导的开明，感受到单位的温暖。要真正给下属消气，还须立足于实实在在地解决问题，还蒙受不公的下属一个公道，而不能仅仅一谈了之，让下属觉得又受了一次蒙骗，以至于产生更大的怨气。

委婉提意见，让领导同事更易接纳你

生活中，人人都喜欢被赞扬和认可，而不喜欢自己的行为被否定或者被指出不足之处。职场中，我们的同事和上司也有这样的心理。因此，我们在提意见的时候，要注意方式方法，尽量委婉地提出来，这样，即使是批评的话语，对方听起来也容易接受得多。

那么，我们该怎样运用这一心理策略呢？

1.提醒式批评

工作中，我们可能经常会遇到一些健忘的上司，比如，他曾与某个客户约好了中午吃饭，可自己却忘记了，他反过来责怪你没有提醒他；再如，你已经告诉他哪些文件要签，可他反而质问下属为何不提醒他或早点给他。若遇到了这样的事，你一定会非常气愤，明明不关你的事，上司却滥用职权，将责任推到你身上。

如果你的上司三番五次犯同样的错误，你应以提醒来代替批评，且不能因为太气愤而反唇直辩或直指是非。因为无论上司是对是错，他都是爱面子的，你这样做，只会得罪上司。你不妨每天像很关心上司似的提醒他有个约会，或是有份文件还没签，在你故意的提醒下，你的上司为了免得再忘记，就会主动把该做的事情做好。这样一来，每件事情都会做得井井有条，也顾全了上司的自尊，同时也让他发觉你的重要性。

2.玩笑式建议

对同事或者上司进行说服、劝导，宜采用正面说理法，态度要严肃认真，但从他人可接纳的角度去考虑，固执己见的人则不容易接受正面的直言劝导。如果与他争辩，容易弄得面红耳赤、不欢而散。面对这种情况，不妨采用玩笑的形式提出建议。因为从心理学角度看，人们更愿意以轻松的方式接受建议，同时也会觉得你的建议是善意的。

可采用“嬉笑怒骂”的形式。用反面的方式表达正面意思，在语气上虽是嬉笑的，但实质上却是怒骂，是批评，由于比较委婉，不会伤及上司的面子，更容易使其听进去。一旦他觉悟到自己的过失，就容易接受劝告，从而改变行为。

但是这种责备的程度要适可而止，不能太露骨，不能太刺激对方，因为对方若感到刺激过分，往往会反感或气愤，这样，批评劝导就不会收到预期的效果。

3.荒诞式建议

面对一个错误的推理或结论，从正面反驳无济于事，不妨用另外一个类似的、并且也同样是错误的推理，来达到批驳的目的，也许效果会更好。这种错误的推理具有很强的荒诞性，含不尽之意于言外，会使人在含笑中明确是非，从而达到幽默的真正目的。推理越荒诞，说出的话就越具有幽默感。

4.自责式建议

对上司提出批评，在尊重他们的同时，语气还要婉转一点，或欲擒故纵，或迂回包抄，或以退为进，都能取得比较好的效果。

在明确以上这几种心理策略后，我们还应注意以下几点：

第一，尽量提出建设性意见，让对方明确你是为了公司利益和大局。

你的建议如果会引发权力的竞争，会使你的同事或上司因紧张而采取防御措施。因此，将你的批评以解决方案的方式提出，把你认为应该更改的地方进行扼要说明，将你的意见改变成建设性的意见，一方面表示你了解对方的立场，一方面化解他防卫的心态。

第二，要弄清楚对方否是个能接受建议的人。

如果他和你在会议之外能有私人的谈话，经常就公司的政策做修正，那么他有可能把批评当作是得到一项情报，而不是一种情绪性的攻击。但是如果对方很保守，不论你的意见多么富有建设性，你很可能会被对方视为一个爱抱怨的人，因此你必须了解对方，谋定而后动。

谦逊谨慎，从认可别人开始

心理学家曾经做过这样一个实验：让两个刚从高等学府毕业的学生分别进入一家公司的两个部门。第一个学生心高气傲，仗着自己的高学历和过硬的技术，和同事说话的时候总是流露出轻蔑的情绪；而第二个学生尽管业务能力也很强，但是和同事们却能打成一片，说话比较谦逊，做事比较低调。没过多久，第一个学生遭到了同事的排挤而不得不辞职，而第二个学生则晋升为了部门经理。

同样是两个高等学府的高材生，言谈举止之间流露的情感不一样，最终在职场的发展也截然相反，这涉及心理学的一个概念“需求定理”。“需求定理”说的是任何人做任何一件事情都是带有一定需求的，尊重并满足别人的需求，别人才会尊重我们的需求，这种需求的互相尊重是建立和谐的人际关系的基础。基于人们的这种心理，我们要想获得别人的认可，就要先去认可别人。在这个过程中谦逊是最好的良药。

科研所的小王是名牌大学毕业，非常有才华，刚工作不久，就带领着同事们主攻一个有难度的科研项目。凭借着扎实的基本功，小王在同事的大力配合下，圆满的完成了科研项目。在庆功宴上，小王不可一世地吹牛皮。

庆功宴结束之后，小王的朋友就劝他："你怎么可以那么说呢？你说话就不能谦逊一些吗？"小王不以为然的说："我有能力才敢吹牛皮，换他们别人去吹，他们有那个能耐吗？"渐渐地，小王觉得同事们都在有意无意的和他作对。事实上，从那之后，小王再也没有成功研发其他项目。

小王取得了一些成绩之后就不可一世，不把同事们放在眼里，结果遭到了同事们的排挤，慢慢的被淹没了。心理学家表明：任何人都渴望被尊重，希望能被别人重视，只有受到了精神上的认可，他们才会去尊重你，去认可你。人与人之间彼此需要才能更好的生存。因此，在职场中，在和同事的相处中，言语要谦逊一些，把尊重和爱送给同事，他们才会喜欢你。

在职场里，这样的例子非常多。公司人事科的经理和销售科的经理都是很有才干的人，人事科的经理总是觉得自己掌握着很多人的命运，因此不可一世，从来不将公司的员工放在心上，经常冲他们发脾气，而销售科的经理却非常和蔼，和公司的员工很能聊得来。时间久了，人事科的经理人缘越来越差，而销售科的经理的口碑却很好。在公司的一次调整中，销售科的经理晋升为了副总经理，而人事科的经理却卷铺盖走人了。可见，在一个集体里，如果大多数人不喜欢你，那么你将无立锥之地。因此，平日里和同事相处的时候，要尽量谦逊一些，避免遭人嫉妒，为你的职业发展打下一个良好的基础。

那么，究竟怎样才能让你的言谈谦逊一些呢？

1.说话时态度不妨诚恳一些

每个人都有戒备心理，尤其在没有确定对方是友善的之前，这时候如果你太过高调，往往堵住了和别人建立平等互信关系的大门。因此，在职场里，说话不妨诚恳一些，口气缓和些，语调温柔些，不要引起别人心里的抵触和对抗情绪，这样才能得到别人的欣赏和喜欢。

2.不要轻易卖弄自己的才华

在一个集体里，难免会有一些出类拔萃者，由于他们的学历高、技术硬，因而会鹤立鸡群。而对于一些普通人来说，无法与你比肩，就会形成对抗。对于这些人，说话的时候千万不要卖弄你的才华，否则你就是大家眼里的眼中钉肉中刺了。

3.坦诚地和每一个人交流

每个人的理解能力不一样，往往在工作中的表现也不一样。有的人很优秀，有的人很笨拙。这就要求我们在和他们交流的时候不要戴有色眼镜，要坦诚的去面对每一个人，赢得他们的尊重和欣赏。否则，你在大家的眼里便不会有好口碑，遭人妒忌和排挤是难免的。

心理学家研究表明：每个人的内心都有一种被需要，被尊重的渴望。这样才能满足内心中被认可、被肯定的需要。你需要别人，尊重别人，别人才会同样的需要你，尊重你，这是建立和谐的人际关系的前提和基础。在职场中，和同事相处时，言谈要尽量表现得谦逊一些，不管你有多优秀，都要牢记这一点。

第13章 谈判切磋，增加销售成交几率

机智灵活，让客户投怀送抱

常言道，女人心，海底针。其实，不仅女人的心是海底针，每个人的心都是海底针，都是难以捉摸和触摸的。对于每一位销售员而言，最难的不是推销产品和推销自己，而是客户的心总是难以捉摸、飘忽不定。而要想推销成功，就必须搞定客户的心，让客户信任自己，认可产品，才能最终达成交易。

很多推销员虽然非常真诚地向客户介绍产品，但是客户还是表示怀疑，犹豫不定。其实，在销售策略中，正面说服客户的方法只适用于少部分容易信任他人的客户，对于大多数对推销员怀着戒备心理的客户而言，搞定客户，得到客户的信任，简直难上加难，这也使推销工作很难进展下去。那么，到底如何才能让客户从被动成交变为主动成交呢？只要掌握技巧，这也并非不能做到，很多经验丰富的销售员正是因为掌握了技巧，才能创造良好的销售业绩，这个方法就是“欲擒故纵”。欲擒故纵，原本是三十六计中的第六计，意思是先故意放开他人，使他人放松警惕，完全暴露，然后再捉住他人。关于欲擒故纵，古时候诸葛亮七擒孟获，七擒七纵，也并非是脑袋一热的感情用事，而是想要孟获真正降服，从而在政治上为他所用。从这件事情不难看出，诸葛亮的确是天下奇才，而且能够审时度势，把一切尽在掌握中。很多人不理解诸葛亮放纵孟获，实际上诸葛亮始终牢牢掌握着主动权，最终才能通过孟获的降服稳定南方局面，不断扩大疆土。

在现代社会的销售工作中，如果销售员也能够灵活使用欲擒故纵的方法对待客户，那么促使客户成交就会变得相对轻松和容易。遗憾的是，总有很多销售员在销售过程中急功近利，恨不得马上就把客户的钱装入自己的口袋里，导致客户产生戒备心理，也使得接下来的销售工作进展艰难，所谓欲速则不达，说的正是这个道理。

其实，客户对于销售员的正面推销往往带着抵触心理，但是对于销售员不小心出现的错误，他们却马上暗暗窃喜，迫不及待地想要趁着销售员出错的时候占便宜呢！在客户的这种心态下，如果销售员恰到好处地出错，给客户可乘之机，那么客户一定无法继续保持淡定和理性，反而会有些着急起来。

有个布店的老板一时兴起，买了一件非常昂贵的貂皮大衣。然而，这件衣服实在太贵了，普通人根本买不起，所以这件衣服挂在布店里三个月了，虽然问的人很多，但还是没有卖出去。老板很发愁，因为这件衣服占用了他的流动资金，他甚至不再奢望指着这件衣服赚钱，而只是想把这件衣服变现。为此，在一天早晨吃完饭准备开张时，他对全店的伙计说："谁能把貂皮大衣卖出去，就奖励谁半个月的薪水作为奖金。"听到老板的话，大多数伙计都接连摇头："老板，我们实在是能力有限啊，去哪里找那么有钱的主呢！"突然，有个新来的小伙计说：“老板，放心吧，三天之内，我肯定把大衣卖出去。”听到这话，其他人都觉得新来的伙计不知道天高地厚，要不就是彻底被奖金馋疯了。

次日，店里来了一个贵妇人，衣着打扮看起来非常贵气。贵妇人一进店，眼睛就滴溜溜地盯着貂皮大衣。这时，新伙计问：“这位太太，您是想看看这件大衣吗？您气质高贵，这件大衣特别配您。”听到新伙计的恭维，太太很高兴，便问大衣的价格是多少。新伙计挠了挠头，说：“太太，我才来三天，是个打杂的，还不知道价格呢。不过，要是您能从我手里买走这件大衣，那我地位马上就提高了，一定会被老板派成大伙计。这样哈，您等一下，正好其他伙计都不在，大伙计在吃饭，我问一下大伙计。”说完，新伙计朝着正坐在远处厨房里吃饭的大伙计喊道：“师傅师傅，这件最贵的大衣最低多少钱能卖啊？”正吃饭的大伙计喊道：“300钱！”大伙计声音很大，连贵妇都听得清清楚楚，这时出人意料的事情发生了，只见新伙计说：“太太，这件大衣200钱。真贵，是吧！也就你们有钱的太太穿得起，普通人家的妇女，连问都不敢问，摸都不敢摸呢！”贵妇觉得难以置信，小声问：“多少钱？”这时，新伙计说：“对不起，太太，您能声音大些吗？我小时候发高烧好几天，后来耳朵就不太灵了。”这下子，贵妇知道刚才大伙计为什么要喊那么大声音了。她心中暗自窃喜，赶紧掏出200钱，买下大衣就离开了。其实，她是害怕大伙计吃完饭出来，纠正这个错得离谱的价格。就这样，新伙计成功以200钱的高价，让贵妇迫不及待地买下了大衣。

人总有占便宜的心理，新伙计正是利用贵妇贪便宜心理，成功把大衣卖给了贵妇，贵妇那么急不可待，甚至都没有讨价还价。不得不说，欲擒故纵的方法的确是效果显著，作为销售人员，我们都应该深入研究这个方法，从而为自己的工作表现加分。

此外，现代社会很多公司还会采取饥饿营销的方式，造成产品供不应求的局面，其实也是利用欲擒故纵的方法。诸如之前大卖特卖的苹果手机，甚至还要加价才能买到，就是因为限量。当然，对于小公司的经营者而言，饥饿营销的方式用起来总显得没有那么底气十足。不过，就算是一些小摊贩，也同样可以欲擒故纵。诸如有些摊贩会故意雇人在摊位上排起长队，营造供不应求的假象，这实际上就是为了使客户对他们的产品更感兴趣，也更愿意购买。当然，在使用这种方式营销时，摊贩其实还利用了人们的从众心理，不过他们很有可能是无意识用到了从众心理，所谓搂草打兔子—— 一举两得。

除了这些复杂的方法之外，还可以故意刺激客户，或者给客户有限的思考和决定时间，从而让客户感到急迫。但是需要注意的是，凡事都要适度，否则就会物极必反。在使用欲擒故纵法与客户交流时，要注意采取恰到好处的语气，否则一旦伤害到客户的自尊，激怒客户，营销工作必然失败。此外，使用欲擒故纵的方法促使客户成交，不管最终的结果是成功还是失败，销售人员都要做到不动声色，不被客户觉察，否则就会失去客户的信任，可谓得不偿失，后果严重。当然，销售的过程处于不断的发展和变化之中，销售人员必须机制灵活，随机应变，才能保证欲擒故纵法取得成功。

用事实和数据说话，增加说服力

在说服他人的过程中，很多人习惯于以晓之以理、动之以情的方式说服他人，殊不知，情和理的确在很多场合都能打动人心，但是在谈判中使用，有的时候效果并不好。尤其是在很多商业谈判中，情和理显得很不入流，毕竟商场冷酷无情，每一家企业合作的初衷都是赢得利润，维护自身的利益，因而很少有企业的谈判代表会为了所谓的情和理而放弃自己的合法利益。从这个角度而言，所有的谈判并非都能从情理的角度出发，而是要根据谈判的不同场合目的，有针对性地调整谈判的方针和政策，从而拥有更强的说服力，最终促使谈判成功。

在很多商务谈判中，很多谈判者都是通过展示自己的产品优点的方式来说服对方，希望达成交易，然而对方对于他们的产品优点似乎充耳不闻，无论如何都不会怦然心动。在这种情况下，谈判想要如愿以偿似乎很难。实际上，如果谈判者能够向对方展示出一系列精确的数字，那么谈判的效果自然就会大大增强。通常情况下，人们都认为事实和数据具有更强大的说服力，也因此在看到准确的数字时，心理上会情不自禁地缴械投降，甚至还会主动以这些事实和数据来说服自己。这样一来，谈判自然事半功倍。

得知有家公司要购买办公家具，很多销售人员都闻讯赶来，争先恐后地进行推销。然而，这家公司的采购员对于办公用具市场的良莠不齐，心中早已有数，因而从来不敢轻信任何推销员，但是如果挨家调查这些办公家具的质量和品质，显然又会耗费很长的时间。有一天，正当采购员百无聊赖地看着那些推销员留下的宣传页和产品报价单时，突然看到一份与众不同的资料。这是其中一家厂家的宣传资料和报价单，唯一不同的是，在产品报价单和宣传彩页之间，还订着一张白纸，上面清楚地打印着这家公司所在的写字楼中，有哪几家也用了他们的办公家具，而且还细心地附上了那几家公司的地址和联系电话，从而让采购员可以实地询问家具的质量，或者如果觉得麻烦，也可以打电话询问。这样一来，这位采购员当然毫不迟疑地拿起电话，打电话去那几家公司询问办公用品的质量。后来，他还利用空闲时间，也去实地看了几家公司的办公家具。果然，这家办公家具的口碑很好，而且得到了大多数公司的认可和好评。就这样，采购员面对的难题一下子就解决了，他无需琢磨哪家公司好或者不好，而是直截了当地订购了有实例作为说明的那家厂家的办公家具。

这家家具公司的推销之所以能获得成功，就是因为推销员深谙客户心理，因而选择了距离客户公司同一幢写字楼的几家企业，作为现实的销售例子和口碑。这样一来，采购员不但无需费心调查该公司的产品质量，而且还可以实地去看办公家具的使用情况，更能够亲耳听到使用者对于这些家具的中肯评价。可以说，这是一个销售的捷径，推销员正因为掌握了这个捷径，所以才能马上得到采购员的认可，达成交易。

任何时候，老王卖瓜自卖自夸对于销售员而言总是效果很差，因此聪明的销售员除了恰到好处地介绍自己的产品之外，一定会努力以事例或者是精确的数据，来帮助自己最大限度赢得客户的信任和认可，从而也使推销效果达到最好。

在谈判过程中，在进行实际操作时，我们在以实例给自己增强说服力时，首先要确保自己所说的事例具体而又生动，而且有据可循，最好能够主动展示证据。切勿随意编造证据，否则一旦对方意识到你是在撒谎或者是在夸大其词，那么就会对你信任全无，也就不会再选择你了。其次，在列举数据进行说明时，我们除了引用这些数据之外，还要表现出自己在专业领域内的素质，以专业的形象出现，这样也能增强我们运用数据时的说服力。当然，为了增强效果，我们最好列举一些人尽皆知的数据，这样以便客户有据可查。此外，列举数据尽量不要说含糊其辞的数字，而是要尽量出示权威机构经过证实的结果，这样一来，说服力自然成倍增强。

总而言之，成功的销售在说服客户购买的过程中，一定需要列举真实的案例和有据可查的数据，这样才能真正赢得客户的信任，使得销售水到渠成。此外，信任更是人与人之间相处的基础，唯有建立信任，人际交往才能更加顺遂如意，销售的成功率也必然更高。

迂回话术，巧妙反击

无论是商业还是政治或者是其他活动，都离不开谈判，通过谈判而达成一致意见，签订协议并通过认真履行使双方获益。而谈判行为是一项很复杂的交际行为，它伴随着谈判者的言语互动、行为互动和心理互动等多方面的、多维度的错综交往。谈判过程中，能否成功识别出对方的现实动机和长远目的、对方派出人员的权限乃至其心理状态、个性特征等，在很大程度上影响着谈判的成与败。

美国谈判学会主席、谈判专家尼尔伦伯格说，谈判是一个“合作的利已主义”的过程。寻求合作的结果双方必须按一个互相均能接受的规则行事，这就要求谈判者应以一个真实身份出现在谈判行为的第一环节中，去赢得对方的依赖，继而把谈判活动完成下去。但是由于谈判行为本身所具有的利已性、复杂性，加之游戏能允许的手段性，谈判者又很可能以假身份掩护自己、迷惑对手，取得胜利，这就使得本来很复杂的行为变得更加真真假假，难以识别。同时，谈判中，对方说的每一句话对于我们来说，都可能是一个“套儿”。从这个角度看，我们只有懂得从对方心理角度出发，在陷阱面前懂得说话迂回，才能操纵对方心理，并反败为胜，取得谈判的主动权。

在美国某乡镇有一个由 12 个农夫组成的陪审团。有一次，在审理了一项案件之后，陪审团中的 11 个人认为被告有罪，另一个人则认为被告不应该被判罪。由于陪审团的判决只有在其所有成员一致通过的情况下才能成立，于是这11个农夫花了一整天的时间，想说服那位与众不同的农夫改变初衷。此时，天空中忽然乌云密布，眼看一场大雨就要来临，那11个农夫都急着要在大雨之前赶回去，好把放在屋外的干草收回家去，可是，这时候另外那个农夫却仍旧不为所动，坚持己见，11 个农夫个个都急得像热锅上的蚂蚁。他们的立场开始动摇了，最后，随着“轰隆”一声雷鸣，这11个农夫再也无法等下去了，他们转而一致投票赞成另一个农夫的意见：宣布被告无罪。

在这一谈判案例中，这位胜利的农夫在面对强大的谈判阵容的时候并没有轻易就范，而是利用了其他农夫都急于结束谈判的心理，向他的对手们展开心理攻势，让对手急得像热锅上的蚂蚁，最终，在忍无可忍的情况下，这群农夫放弃了自己的立场：宣布被告无罪。

可见，我们在谈判中处于劣势时，要沉着镇静，根据不同的情况构思不同的反击策略，在说话时不要撞在对方的枪口上，而应该用迂回的语言，保护自己的利益，取得谈判的胜利。

一场谈判如同一次战斗，要了解那么多的材料，并进行综合、分析、推理、决策，大家都没长前后眼，不能未卜先知，我们一不小心就会陷入对方设定的陷阱中，为此，懂得掌握对方心理，巧妙反击就很重要了。

一般来说，如果我们了解到了对方的心理优势或者心计后，就要避其锋芒，当对方发现自己的优势并没有起到作用后，就会显得焦急，此时，谈判的主动权就会立刻转交到我们手里。

那么，我们该怎样说话才能让对方产生焦急的心理呢？

1.拖延术

在上述谈判实例中，那位坚持己见的农夫用的就是一种“拖延”术，向他的对手们展开心理攻势，从而赢得了这场看似无望的判决的胜利。因为谈判结束的时间被称为“死线”，在一般情况下，谈判者都要保密自己的最后底限和“死线”，因此在谈判中，往往会出现这种情况，双方都希望摸到对方在谈判中的“死线”，以争取主动；与此同时，都对“死线”严格进行保密。

在针对谈判的“死线”的时候，谈判者常常采用欲擒故纵的拖延技巧，但在运用这种技巧的时候，要注意以下几点：

（1）每一次“拖延”不能拖死对方，要给对方一个回旋的余地。例如，在改变与对方的谈判日程时可说，“因为还有别的重要会见。”在神秘中仍给对方一个延后的机会，待到对方等到这个机会时，会增加一种珍惜感。

（2）在拖延的时候，要注意考虑自己手中一定要有几个有利的条件重新把对方吸引回来，不能使自己的地位僵化，否则，一“拖”即逝，无力再拉回对方。

（3）在采取拖延技巧的时候，一定要注意自己的言论，说话要委婉，避免从情感上伤害对方造成矛盾焦点的转移。

2.补救术

这种说话策略是用来补救我们已经陷入对方陷阱的措施。比如对方诱导你承认了他们的报价，你失口承诺认可了对方的报价，如果发觉得及时，可马上纠正——“当然，这个价格尚未计入关税税额”，如果发觉得较迟，你可通过助手补充纠正，“请注意，刚才张先生所允诺的价格，是以去年底的不变价计算的，因此，还需要把今年头八个月的涨价比率加上去。”当对方听到你已经巧妙地绕开了陷阱后，会立即乱了方寸，这时，便是我们展开进攻的时机了。

总之，谈判是富有竞争性的合作，虽然不是战争，不是你死我活，你输我赢，但是谈判也决不是找朋友，推心置腹，谈判虽然是遵循互利互惠的原则，但双方皆赢的利益结果很难对等。在这种双方都希望争取最大的利益的心理游戏中，就允许双方施展谋略，寻获更多利益，这是规则。在谈判中对策中声东击西，迂回式说话也是自我保护、扰乱对方方寸的心理战术，更是谈判高手惯用的技巧！

抓住对方漏洞，出奇制胜

我们经常看到法庭上出现这样一幕：嫌疑人面对法官的提问，总是否定自己的违法犯罪事实。而他没有料到的是，法官居然能找出自己语言间的漏洞，这一关键点顷刻间推翻了他所有的谎言，让他哑口无言，只好供认不讳，和盘托出自己的罪名。同样，谈判过程中，我们同样可以采取这一心理策略来推翻对手的言论，给对手一个措手不及。

“最后的赢家才是真正的赢家，要笑就要笑到最后。”这句话一点也不假。

谈判时，我们在与对手交涉的过程中，可能对方会侃侃而谈，我们只有倾听的余地，但这并不代表对方已经掌握了谈判的主动权，而如果你能用心听，并找出对方言语间的漏洞，就能在关键时刻阐明观点、出奇制胜，让对手心服口服。

其实，谈判过程本身就是一个让对方接受成交条件的过程，而要做到这一点，很多时候就必须推翻对方现在的观点和借口，对此，你需要做到：

1.摆事实

谈判中，若要否定对手已经出现的漏洞，就要让事实说话，事实充分就会使你言重如山。事实胜于雄辩，这种说服方法根本的一点就是唯实、唯事，尊重客观事实，用事实说话。运用事实进行说服最能打动人心，也最能使人信服。如果从心理学的角度来分析，人们的心理趋向是求真、求实，只有真实的东西，才是人们最信任的。

2.亮底牌

谈判中，双方往往都有自己的底牌，但要让对手心服口服，你一定要沉得住气。有些时候你能清楚的感觉到事情正在越变越糟。这时你应该采取守势，退后一步，现在的情势不适合马上反击，不要在自己处于劣势的时候拼命的试图证明自己，不妨退守一步。记住，在你处在劣势的时候，不要急着马上反击，等一等，机会总会到来，那时你才能出奇制胜。

3.反攻法

通常情况下，人们的思维是有一定局限性的。“最危险的地方也就是最安全的地方”，正是这一道理的最好证明。当对方在撒谎或者使用策略来影响你的时候，他绝不会想到你会用此计在给他“下套子”。因此，我们从对方的思维空隙着眼，往往就能攻其不备，也就能在积极探寻筑牢我们自己的心理防线的同时瓦解对方的心理防线。

谈判过程中，有时候，抓住对方的漏洞而小题大做或借题发挥，会给对方一个措手不及，但在使用这一心理策略时，我们一定要懂得隐藏自己，从而把握事情的大局！

柔情攻势，令合作细水长流

有人说，谈判桌上永远是虚虚实实、真真假假，信息的掌握也各有不同。无论是谈判的哪一方，都会用尽各种办法让你相信他们比竞争对手更有优势，最常使用并且效果最佳的方法就是给对方施加压力。比如，他们会拿竞争对手来压你，他们会在事前对竞争者进行充分的调查，谈判时突然拿出数十张数据资料使你信以为真并让你接受谈判条件。

但事实上，无论是何种谈判，“用刑”不如“用情”，说点柔情的话，会更容易打动对方，让对方臣服于我们的真情实意，并且愿意和我们长期合作下去。因为人都是感情的动物，谈判中也会“感情用事”，即使谈判涉及利益问题，对方也可能会因为“情”做出“有失偏颇”的决定。

那么，我们该怎样运用柔情语言攻略以此来掌控谈判对方的心理呢？

1.考虑对方的利益，从对方的角度说话

事实上，谈判中，双方在沟通的过程中都有一个自己的立场，若别人说话的立场和自己的不同，自然就会产生抗拒心理。聪明的谈判者应该学会和客户站到同一个立场上去，并从对方的角度出发去思考问题。

2.多询问对方的意见和想法

一位优秀的沟通好手，绝对善于询问以及积极倾听他人的意见与感受。询问与倾听的行为，都是一种尊重和关心的体现，尤其当对方有所顾忌、不愿表明内心的想法的时候，可用询问的方式引出对方真正的想法，了解对方的立场以及对方的需求、愿望、意见与感受等。另外，此

时如果我们能再运用积极、有效倾听的方式来诱导对方发表意见，更能让对方心生好感。

3.适当示弱

谈判过程中，我们也可以抓住人们这一共性心理，调动听者的同情心，在言语上适当示弱，使对方首先从感情上与你靠近，产生共鸣。这就为你问题的解决与事情的办成打下了基础，在对方放松警惕心理时，再提出你的要求，完成谈判目的也就容易得多。

其实，在这里，我们所说的示弱并不是真的在示弱，也并不是以眼泪换取同情，而是一种说话的技巧，以达到你的谈判目的。在生活中，我们常常会听老人们这样说："软刀子更扎人！"就是这个道理。

4.说话要有耐心

无论多么简单的交易，我们都要充满耐心，即使是一个很小的环节。人们经常会因为没有花时间系统地确认自己的先入之见，或者考虑清楚交易的原因，而使自己身陷糟糕的交易中。心理学家把这种急切的心态称为"确认陷阱"——他们没有去寻找支持自己想法的证据，同时又忽视了那些能证明相反意见的证据。

而从谈判对方的角度看，我们在谈判中，说话越是有耐心，他们越是能看出我们的素质和修养，也自然愿意与我们合作。

总之，谈判中，谈判者要想让谈判结果朝着我们希望的方向发展，就需要学会用"情"说话，让对方心服口服，这比用尽心机让对方屈服的效果要好得多。此时，你就掌握了谈判中的主动权，令谈判取得水到渠成式的成功！这也是任何一个谈判者都要掌握的重要的谈判策略之一！

参考文献

[1]刘丽娜.哈佛口才课[M].北京：中国法制出版社,2017.

[2]徐枫.北大口才课：让你大受欢迎的说话技巧[M].长春：吉林文史出版社,2017.

[3]臧宝飞.演讲与口才22堂自我训练课[M].北京：中国国际广播出版社,2018.